DIREITO DE PROPRIEDADE IMOBILIÁRIA SOB A ÓTICA SISTÊMICA

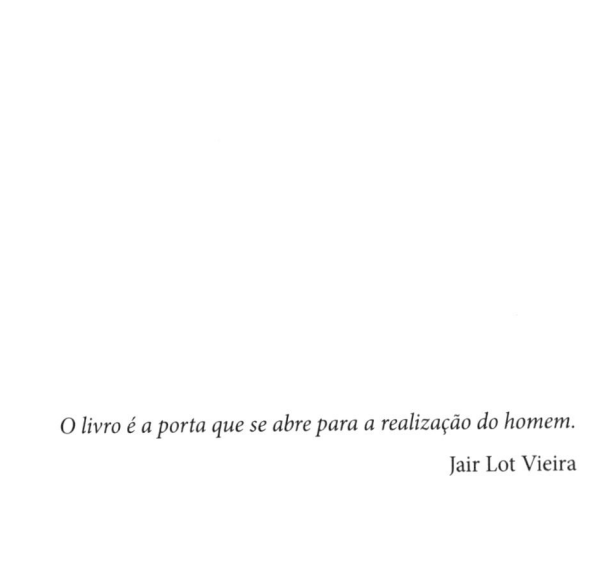

O livro é a porta que se abre para a realização do homem.
Jair Lot Vieira

Carmen Regina Sisnando Faustino
Valéria Maria Sant'Anna

DIREITO DE PROPRIEDADE IMOBILIÁRIA SOB A ÓTICA SISTÊMICA

APRESENTAÇÃO
Roberto Rodrigues Brito Júnior
Juiz de Direito TJ/PA

Copyright desta edição © 2022 by Edipro Edições Profissionais Ltda.

Todos os direitos reservados. Nenhuma parte deste livro poderá ser reproduzida ou transmitida de qualquer forma ou por quaisquer meios, eletrônicos ou mecânicos, incluindo fotocópia, gravação ou qualquer sistema de armazenamento e recuperação de informações, sem permissão por escrito do editor.

Grafia conforme o novo Acordo Ortográfico da Língua Portuguesa.

1ª edição, 2022.

Editores: Jair Lot Vieira e Maíra Lot Vieira Micales
Coordenação editorial: Fernanda Godoy Tarcinalli
Revisão: Equipe Edipro
Diagramação e Capa: Ana Laura Padovan e Karine Moreto de Almeida

Dados Internacionais de Catalogação na Publicação (CIP)
(Câmara Brasileira do Livro, SP, Brasil)

Faustino, Carmen Regina Sisnando
  Direito de propriedade imobiliária sob a ótica sistêmica / Carmen Regina Sisnando Faustino, Valéria Maria Sant'Anna. – São Paulo : Edipro, 2022.

  Bibliografia.
  ISBN 978-65-5660-052-9

  1. Constelação sistêmica familiar 2. Direito de propriedade – Brasil 3. Direitos reais – Brasil 4. Registro de imóveis – Brasil 5. Registro de propriedade – Brasil 6. Registros públicos – Brasil I. Sant'Anna, Valéria Maria. II. Título.

21-77474   CDU-347.234

Índice para catálogo sistemático:
1. Direito de propriedade : Direito civil : 347.234

Cibele Maria Dias – Bibliotecária – CRB-8/9427

São Paulo: (11) 3107-7050 • Bauru: (14) 3234-4121
www.edipro.com.br • edipro@edipro.com.br
@editoraedipro @editoraedipro

*Não é que eles não consigam ver a solução.
É que eles não conseguem ver o problema.*

G. K. Chesterton,
O Escândalo do Padre Brown, 1935

SUMÁRIO

Apresentação.. 11
Introdução.. 13

1. A INTRODUÇÃO DO PENSAMENTO SISTÊMICO NAS RELAÇÕES JURÍDICAS................................... 21
1.1. Bert Hellinger e a Constelação Familiar Sistêmica....... 21
1.2. A visão sistêmica no Direito... 22
1.3. Os movimentos acontecendo no Brasil todo
     e a ideia da divulgação... 23
1.4. A possibilidade de se expandir os conhecimentos
     da Constelação Familiar para outros Sistemas,
     incluindo o Direito de Propriedade Imobiliária............ 25

2. UM POUCO DA HISTÓRIA DA ORIGEM
   DAS PROPRIEDADES E DOS REGISTROS
   PÚBLICOS NO BRASIL 27
2.1. Como aconteceram as individualizações
     das propriedades privadas como conhecemos
     na atualidade... 27
2.2. O instrumento de transmissão..................................... 34
   2.2.1. Direitos reais e direitos obrigacionais............. 38
2.3. As consequências que podem advir da falta
     do registro da escritura de transmissão do imóvel
     e a visão sistêmica sobre o tema................................ 41
2.4. A regra sistêmica do pertencimento............................ 44

3. DIREITOS REAIS 49
3.1. A propriedade 52
    3.1.1. A efetivação da aquisição 53
    3.1.2. Outros tipos de aquisição 54
3.2. Dos direitos reais limitados 55
    3.2.1. A superfície 58
    3.2.2. As servidões 61
    3.2.3. O usufruto 62
    3.2.4. O uso 68
    3.2.5. A habitação 69
    3.2.6. O direito do promitente comprador do imóvel 71
    3.2.7. O penhor, a hipoteca e a anticrese 75
        3.2.7.1. *O penhor* 81
        3.2.7.2. *A hipoteca* 84
        3.2.7.3. *A anticrese* 85
    3.2.8. A concessão de uso especial para fins de moradia 86
    3.2.9. A concessão de direito real de uso 87
    3.2.10. Da laje 88
    3.2.11. A enfiteuse 98
        3.2.11.1. *A enfiteuse civil no Brasil* 100
        3.2.11.2. *O artigo 2.038 do Código Civil de 2002* 105
        3.2.11.3. *A enfiteuse de bens públicos* 107

3.2.12. As rendas expressamente constituídas
sobre imóveis 110

CONSIDERAÇÕES FINAIS 113

Referências 115
Sobre as autoras e o apresentador desta obra 119

APRESENTAÇÃO

Conheço e tive a oportunidade de ter Carmen Sisnando como mentora e terapeuta palestrante no encontro para sensibilização das partes na aplicação da Constelação Jurídica na Vara de Família quando atuava, como Juiz de Direito, na 2ª Vara Cível de Marituba-PA, em 2018.

Com a aprovação do TJ/PA para a aplicação dessa técnica, em 2016, interessei-me pelo tema e procurei por Carmen, participando de vários cursos para me aprofundar, dentre os quais o curso de "Percepção Sistêmica" ministrado na Escola Judicial do Poder Judiciário do estado do Pará.

A partir da compreensão de que em todos os relacionamentos da vida é possível e bem-vindo um novo olhar sistêmico sobre os conflitos de interesses, a Constelação Jurídica vem proporcionando solucionar as lides e as suas causas emocionais originárias subjacentes ao processo, refletindo em uma maior harmonização no Judiciário.

Há que se ter um preparo de todos os envolvidos e uma conscientização coletiva para a solução definitiva das questões pessoais, e não só dos processos.

Continuo estudando o tema, com foco no meu aperfeiçoamento não só como ser humano integrado a vários sistemas, mas também como magistrado.

Com grata surpresa, Carmen Sisnando me solicitou a apresentação deste livro, que é o seu primeiro trabalho na área jurídica, em parceria com a advogada Valéria Maria Sant'Anna, no qual as duas, cada uma com sua visão técnica voltada para suas especialidades, conseguiram transmitir, de forma simples e objetiva, uma visão geral sobre a propriedade diante da legislação brasileira, com um percurso histórico que nos dá uma consciência do porquê da forma como se consolidou em nosso Direito, concomitantemente às considerações sistêmicas e possíveis consequências do desrespeito às leis do Amor protagonizadas por Bert Hellinger.

Admirável obra, que tanto serve para os leigos no Direito, de qualquer área profissional, como para nós, operadores do Direito, nos mostrando uma nova e importante visão sobre o tema, que poderá nos auxiliar a compreender e dirimir muitos emaranhados sistêmicos, além de elucidar uma lide em seu sentido mais profundo ou até mesmo inibi-la.

Vale a observação, finalmente, de que não foi esquecido nenhum tipo de forma de aquisição de propriedade; embora de forma suscinta, conseguiram as autoras demonstrar todas as características e diferenças, proporcionando a compreensão do todo e permitindo àqueles que se interessarem pelo tema, procurar o aprofundamento da matéria em livros técnicos específicos, mas, agora, com a visão sistêmica já internalizada.

Roberto Rodrigues Brito Júnior
Juiz de Direito TJ/PA
Belém-PA, 15 de março de 2021.

INTRODUÇÃO

O sonho de muitos brasileiros é certamente conquistar a sua casa própria.

Alguns compram um terreno, juntam suas economias e vão construindo aos poucos. Outros entram em financiamentos proporcionados pela política habitacional do governo, como o programa "Minha casa minha vida", que passou a ser chamado, em 2020, de "Casa Verde e Amarela". Outros conseguem comprar com suas economias.

Há aqueles que possuem vários imóveis, tendo-os como uma fonte renda, por meio do aluguel. Imóveis para fins residenciais ou comerciais. Um local para abrigar sua família, seu negócio e ter tranquilidade.

Mas a aquisição de um imóvel será mesmo sinônimo de tranquilidade?

A Constituição Federal de 1988, no inciso XXII do artigo 5º, garante o direito de propriedade e, nos incisos seguintes, determina que a propriedade deve atender à sua função social (art. 5º, XXIII) e que a lei estabelecerá procedimento para desapropriação por necessidade ou utilidade pública ou por interesse social (art. 5º, XXIV), com justa e prévia indenização em dinheiro. Permite a Constituição, ainda, que, em caso de iminente perigo público, a autoridade competente utilize a propriedade particular (art. 5º, XXV); assegura ao trabalhador familiar, em pequena propriedade rural, não ter seu imóvel penhorado para pagamento de débitos decorrentes de sua atividade produtiva (art. 5º, XXVI); e outros direitos de propriedade não imobiliários, denominados direitos pessoais.

Vamos nos ater ao direito de propriedade imobiliária, ou seja, o direito de propriedade sobre coisa imóvel, e o que a lei assim considera.

Como se pode perceber, o direito de propriedade no Brasil não é ilimitado, ele existe em razão social. Nem sempre foi assim. Nas Constituições de 1824 e 1891, a propriedade era considerada um direito dos cidadãos. Com a Revolução de 1930, o governo de Getúlio Vargas se preocupou com a justiça social, deixando de, o direito de propriedade, ser absoluto e passando a ser submetido ao interesse social ou coletivo (nenhuma propriedade poderia ferir o interesse coletivo). A Constituição de 1937, definindo que a propriedade era um dos direitos assegurados à população brasileira, determinava que leis específicas fossem implementadas para limitar a propriedade, além de introduzir a desapropriação – o Estado teria poder para retirar o direito de propriedade de quem não cumprisse com as leis que regulamentavam esse direito. O mesmo entendimento se manteve na Constituição de 1946, nas reformas de 1967 e 1969, assim como na atual, de 1988.

Mas o que é propriedade? Por que, após comprar um imóvel, posso dizer que sou proprietário? O que é ser proprietário?

Quando compramos algo, tomamos posse do algo comprado: como um chocolate, por exemplo. Podemos fazer o que bem entendermos com ele: abri-lo e comê-lo, dá-lo de presente ou guardá-lo para comer depois.

No caso de um imóvel, podemos estar na posse do mesmo, morando, mas o imóvel não ser nosso, termos um contrato de aluguel; ou termos entrado em um imóvel que estava abandonado porque não tínhamos onde morar. Estamos na posse, usamos, mas devemos dele sair quando acabar o contrato de aluguel ou quando alguém reivindicar sua posse, no caso do imóvel abandonado.

Quando alugamos um imóvel, sabemos que ele não é nosso, mas tentamos cuidar dele como se fosse. Para os vizinhos, a menos que saibam quem é o dono do imóvel e que o mesmo não o vendeu, quando nos mudamos para uma nova casa, não sabem se a casa é nossa propriedade ou não, apenas sabem que novas pessoas estão habitando a casa.

Segundo o Código Civil, é proprietário aquele que pode usar, gozar e dispor da coisa, e tem o direito de reavê-la do poder de quem quer que injustamente a possua ou detenha (art. 1.228).

Então não basta estarmos na posse do imóvel para sermos proprietários. É necessário preenchermos certos requisitos: negociar valor, pagar, passar a escritura e registrá-la.

A transmissão da posse do imóvel se dá com o recebimento das chaves para poder nele entrar. Mas a propriedade somente se transmite DEPOIS que levamos a registro a escritura de compra e venda passada em cartório.

Então, qualquer negociação imobiliária que se faz fora desses padrões não é aquisição, e a pessoa não pode se considerar proprietária. No caso, por exemplo, de um imóvel financiado, se faço um "contrato de gaveta"[1] preciso compreender que esse tipo de negociação, além de não ser correta, é totalmente arriscada. Se o vendedor morrer, seus herdeiros terão de levar o imóvel a inventário e poderão não querer transferi-lo para o adquirente. Se o procurador do adquirente morrer, o adquirente terá de localizar o vendedor, que já não mais se sabe onde mora, para passar a escritura. Se o adquirente deixar de pagar as prestações, é o nome do vendedor que vai para a Serasa.

Enfim, para ser proprietário é necessário possuir, sobre o bem, as três faculdades previstas no artigo 1.228 do Código Civil:

- *usar*: morar nele, alugá-lo, emprestá-lo, deixá-lo fechado;
- *gozar*: morar nele ou usá-lo; se alugá-lo, tem o direito de receber o aluguel; se tiver um pomar no quintal, tem o direito sobre os frutos que ali dão – é o direito sobre frutos e rendimentos que o imóvel pode fornecer; e, finalmente,
- *dispor*: a qualquer momento pode vendê-lo, doá-lo ou trocá-lo.

---

1. Um *contrato de gaveta* é celebrado de forma particular entre a pessoa que financiou o imóvel e quem quer adquiri-lo, no qual o adquirente se compromete a continuar pagando as prestações no nome da outra pessoa. Geralmente essa pessoa "passa uma procuração" para alguém de confiança do adquirente para, dali a 10 ou 20 anos, quando terminar de pagar o financiamento em nome do outro, poder passar a escritura de compra e venda para ele e assim regularizar a compra.

Efetivamente se tem poder sobre a coisa.

Para isso acontecer, para se realizar o sonho de ter a casa própria, é necessário efetuar todos os passos burocráticos. E ter a certeza de que tudo está em ordem: que existe uma matrícula individualizada do imóvel e que a construção da casa está ali devidamente registrada.

É bem comum, ao negociar um imóvel, utilizando-se de financiamento bancário, ser negado o financiamento porque a construção existente não está registrada. O proprietário, no uso de seus poderes, ampliou o imóvel (fez um quartinho nos fundos ou uma cozinha *gourmet*), mas não se preocupou em regularizar a ampliação junto ao Cartório de Registro de Imóveis.

Começamos a compreender, portanto, as limitações da propriedade. Não basta *ter*, *usar* e *dispor*: há que se pagar o Imposto Predial e Territorial Urbano (IPTU) para a prefeitura. Toda e qualquer reforma que se fizer e que modificar sua estrutura, principalmente aumentando ou reduzindo dimensões, é necessário apresentar o projeto junto à prefeitura para aprovação (pois o IPTU é calculado também sobre o tamanho da construção), pagar as taxas municipais, registrar esse projeto junto à Receita Federal/INSS, pagar as taxas ali pertinentes, obter as certidões de ampliação da prefeitura e negativa de débitos junto ao INSS/Receita Federal, e levar a registro no Cartório de Registro de Imóveis.

Não é raro, quando a compra é feita com dinheiro próprio, que na escritura conste a aquisição de imóvel com apenas determinado número de quartos etc., quando na realidade já tem até piscina no quintal. Consegue-se comprar e registrar essa escritura? Sim. Mas se algum dia você quiser vender o imóvel, não conseguirá que alguém que queira comprá-lo com financiamento o adquira, pois a situação do imóvel estará irregular junto à matrícula. Então caberá a você providenciar toda essa documentação para a regularização ou deixar como está.

Há duas verdades na vida: fazer o que é correto ou não. Mas o não fazer o correto sempre gerará pendências futuras.

Um exemplo de fato ocorrido: nas décadas de 1980 e 1990, fez-se duas ampliações em um imóvel. Até foram apresentados e aprovados os projetos junto à prefeitura do município onde o imóvel se encontra, mas não foi finalizado o processo junto ao INSS e, por conseguinte, não foi levado a registro. No início dos anos 2000, essa pessoa vendeu o imóvel, e a escritura foi passada contendo as ampliações existentes (muito embora não formalizadas na matrícula, talvez sob a promessa de que se faria tudo – e realmente tem-se de fazer para conseguir o registro dessa escritura). A pessoa que intermediou a venda, de alguma forma, iludiu a compradora de que tudo estava em ordem, porque ela pagou inclusive pelo registro da escritura. Em 2019, descobriu-se que a compra em questão não estava registrada, e, na verdade, o que a pessoa fez foi levar a adquirente a pagar o registro da compra anterior do imóvel.

Por quase 20 anos a pessoa que adquiriu o imóvel pensava ser a proprietária, mas não o é. E por conta de alguns erros materiais nas ampliações, que apontam diferença de 20 cm no total da construção, há um ano está-se tentando conseguir uma certidão de ampliação correta junto à prefeitura municipal para se poder levar a registro. Felizmente, junto à Receita Federal, a certidão negativa de ônus se consegue por conta da prescrição[2].

Em resumo: até que essa questão seja resolvida, a pessoa não pode dispor do bem.

A aquisição de um imóvel, portanto, requer cautela. É preciso procurar fazer tudo de acordo com o que se determina em lei e, mesmo assim, buscar alguém de confiança e que entenda desses procedimentos para auxiliar no processo.

Esta obra apresenta uma visão geral sobre a propriedade no Brasil, de forma simples e concisa. É direcionada principalmente aos leigos na área jurídica, que desejam compreender o sentido de propriedade nos termos da lei e a visão sistêmica sobre tudo isso, auxiliando a desvendar possíveis "nós" existentes que possam estar gerando desarmonia nos processos e impedindo a materialização de uma vida mais leve e feliz.

---

2. *Prescrição* é a perda do direito de exigir a reparação de uma dívida dado o lapso de tempo decorrido da incidência da dívida não paga e não cobrada.

A INTRODUÇÃO DO PENSAMENTO SISTÊMICO NAS RELAÇÕES JURÍDICAS

Bert Hellinger e a Constelação Familiar Sistêmica

No início do século XX, já existia um movimento de insatisfação no mundo terapêutico com as verdades absolutas e analíticas do mundo cartesiano. Foi quando nasceu uma nova visão, que enxerga o mundo a partir de uma ótica sistêmica, de possibilidades, interrelacional, onde o todo é maior que a soma das partes. Esse foi o grande diferencial na evolução das terapias.

O psicoterapeuta alemão Bert Hellinger, estudando todas essas terapias, desenvolveu o método terapêutico para tratar questões familiares, físicas e mentais, por meio de dinâmicas, considerando seu método – Constelação Familiar Sistêmica – "fenomenológico", ou seja, por meio dele é possível identificar acontecimentos que, mesmo desconhecidos, podem trazer problemas para a vida da pessoa, atuando de forma oculta. A intenção é solucionar um conflito por vez, por meio de dinâmicas que consistem em montar o sistema familiar e entrar em contato com o campo morfogenético[3] do sistema familiar do paciente, e, assim, identificar os motivos que possam ter ocasionado um desequilíbrio nesse sistema.

Hellinger tem várias obras publicadas e nos ensina que, além do inconsciente individual e do inconsciente coletivo, há um inconsciente familiar atuando em cada membro da família, causando impactos nas formas de resolução de conflitos. Ele identificou três leis básicas do relacionamento humano, e que devem atuar ao mesmo tempo: pertencimento, hierarquia (ordem) e dar e receber (equilíbrio), às quais denominou "Ordens do Amor".

Tendo em mente os parâmetros da teoria das constelações sistêmicas familiares, passaremos a discorrer sobre a recepção da visão sistêmica no campo do Direito.

1.2. A visão sistêmica no Direito

A visão sistêmica ainda é uma novidade entre os operadores do Direito.

O advento do novo Código de Processo Civil, em 2015, deu abertura para a conciliação, a mediação e outros métodos de solução consensual de conflitos, e determinou que esses métodos devem ser estimulados por juízes, ad-

---

3. A teoria do *campo morfogenético*, também chamado de campo mórfico, foi levantada por Rupert Sheldrake, biólogo, bioquímico e parapsicólogo inglês. Segundo Sawabona (2021), para Sheldrake os campos morfogenéticos são campos ou sistemas que organizam os seres na natureza, determinando padrões ou formas de comportamento e de pensamento.

vogados, defensores públicos e membros do Ministério Público, inclusive no decorrer do processo judicial (art. 3º, § 3º). O artigo 165 desse mesmo Código determina que os Tribunais devem criar Centros Judiciários de Solução Consensual de Conflitos, responsáveis pela realização de sessões e audiências de conciliação e mediação, e pelo desenvolvimento de programas destinados a auxiliar, orientar e estimular a autocomposição. Criou-se, assim, para as pessoas que já procuravam alternativas conciliatórias, a expectativa de soluções pré-processuais com mais rápida resolução dos litígios.

No Judiciário vimos a formação de centros de conciliação, de mediadores e conciliadores, regulados pelo Conselho Nacional de Justiça (CNJ).

Todavia, outros métodos podem ser utilizados, a exemplo da introdução da Constelação Familiar Sistêmica, pelo juiz Dr. Sami Storch, na 2ª Vara de Família de Itabuna-BA. Seu intuito foi o de promover constelações sistêmicas prévias, antes mesmo da audiência de conciliação, o que proporcionou encerramentos processuais com a solução não só da lide, mas do conflito existente entre as partes.

Os movimentos acontecendo no Brasil todo e a ideia da divulgação

A lide é decidida pelo Juiz, que, observando os termos da lei, seguindo as normas processuais e analisando os fatos trazidos aos autos do processo, a finaliza com uma sentença. Essa determinação judicial passa a ser a lei que deverá ser seguida pelas partes, mas isso não significa que o juiz conseguiu finalizar o conflito existente entre as partes.

E este é o ponto crucial a ser atingido para uma finalização adequada da demanda.

Entenda-se aqui que o conflito é gerado pelos sentimentos desiguais e até mesmo opostos das pessoas, os quais as levaram a procurar pelo "seu direito" junto à Justiça Pública. E, na maioria das vezes, a sentença não atingirá esse sentimento. Exemplo: a mãe entra com um pedido de aumento de pensão alimentícia para seu filho em relação ao pai da criança; a sentença lhe é parcialmente favorável ou até mesmo totalmente favorável. Mesmo recebendo mais do pai da criança, o conflito existente, o verdadeiro motivo que a levou a pedir o aumento da pensão, não lhe foi retirado (se foi traída, o desejo pode ser de vingança, punição pelo amor interrompido). Bem como o pai pode se sentir extorquido. Ambos ainda estão envoltos na emoção da relação e esquecem de que a pensão é para o filho, que certamente não está sendo visto por ambos. A criança pode ser "usada" de forma inconsciente para se alcançar o desejo implícito no processo.

Dessa forma, a utilização das dinâmicas da Constelação Familiar Sistêmica, até mesmo pelo advogado, antes de entrar com a demanda judicial, poderá auxiliar na finalização prévia do conflito, o que evitará possíveis novas lides processuais.

Se já judicializada a demanda, nada obsta que se adote a dinâmica da Constelação Sistêmica como método conciliatório, que poderá fazer chegar ao juiz uma proposta de acordo (nos processos que assim se permita fazê-lo) para simples homologação.

Concomitantemente ao Juiz da Bahia, outras pessoas por todo o país, também interessadas nas soluções das lides processuais e para se adequarem às possibilidades de mediação e conciliação prévias já disponibilizadas pelo CNJ, se movimentaram no sentido de também acolher a Constelação Familiar Sistêmica.

Todavia, há a necessidade de se ampliar os horizontes de todos os operadores do Direito, dentro e fora dos Tribunais de Justiça, a fim de que se empenhem em tentar solucionar o conflito existente entre as partes e não somente a lide.

No Pará, o movimento se mostra inicial para algumas pessoas, não só do Judiciário, como também para Advogados.

A possibilidade de se expandir os conhecimentos da Constelação Familiar para outros Sistemas, incluindo o Direito de Propriedade Imobiliária

Ao visitarmos os primeiros passos da Constelação Sistêmica no Direito, muitos foram os questionamentos que surgiram sobre o seu possível desdobramento e sua atuação nos mais diversos âmbitos do Direito.

No ano de 2020, com sua atipicidade ante a Pandemia COVID-19 e o refrão "fique em casa", alterou-se a dinâmica de vida da maioria da população, e muitas pessoas passaram a observar o local onde moram.

A partir daí, ao se discutir o sistêmico nesse contexto, sentiu-se a necessidade de buscar o Direito de Propriedade, a fim de se compreender o significado das energias do passado influenciando na vida presente de um determinado imóvel.

UM POUCO DA HISTÓRIA DA ORIGEM DAS PROPRIEDADES E DOS REGISTROS PÚBLICOS NO BRASIL

 ## Como aconteceram as individualizações das propriedades privadas como conhecemos na atualidade

Vamos tentar entender o registro de imóvel, que hoje se denomina "matrícula". Estamos acostumados, quando vamos comprar um imóvel, a comparecer a um cartório para fazer uma escritura de venda e compra, e esse documento tem de ser levado a registro no Cartório de Registro de Imóveis. A escritura sem esse registro não comprova a propriedade para com terceiros. Mas como tudo isso começou? Sempre foi assim?

Erpen e Paiva (2021) assim resumiram a história da individualização e a necessidade de certificação de propriedade dos imóveis no Brasil: até nossa independência, toda a posse sobre o território do Brasil era do Rei de Portugal. Ou seja, o dono do Brasil todo era o Rei de Portugal, então D. João II; pessoa alguma poderia tomar posse ou comprar um pedaço de terra. Após a declaração do "Tratado de Tordesilhas"[4], em 1494, e diante da invasão das terras pelas frotas francesas, para ter melhor controle sobre seu bem e combater a pirataria, o então Rei de Portugal, D. João III, constituiu, em 1532, as Capitanias Hereditárias – cada pedaço de terra seria gerido pelo capitão e depois por seu filho, passando como herança de família. Iniciou-se, assim, a colonização efetiva aqui no Brasil: a divisão administrativa das terras brasileiras foi estabelecida em 15 capitanias, distribuídas para os seus agentes de confiança. Assim foram estabelecidos o governo central e a primeira divisão de terras do país (ver Imagem 1).

Após a Independência do Brasil, em 1822, até o ano de 1850, aconteceu a ocupação do solo brasileiro pela tomada de posse, sem qualquer título ou documento que comprovasse as suas delimitações (localização da terra, medidas, nomeação dos vizinhos), se houve transferência por compra ou herança ou em troca de dívida etc.

Somente com a Lei nº 601, de 18 de setembro de 1850, e seu Regulamento nº 1.318, de 30 de janeiro de 1854, é que a posse passou a ser reconhecida perante o Vigário da Igreja Católica – essa lei ficou conhecida por "Registro do Vigário" –, e se fazia esse registro da situação do imóvel na freguesia[5]. Feito o registro perante o Vigário, ficava assegurada a sua posse sobre o imóvel.

---

4. O *Tratado de Tordesilhas* foi um acordo com a Coroa de Castela para dividir as terras descobertas e por descobrir por ambas as Coroas fora da Europa.
5. *Freguesia* é o nome dado, em Portugal, à menor divisão administrativa. Aqui no Brasil a Igreja instituiu suas Paróquias, então "freguesia" era a região em que a Paróquia atuava.

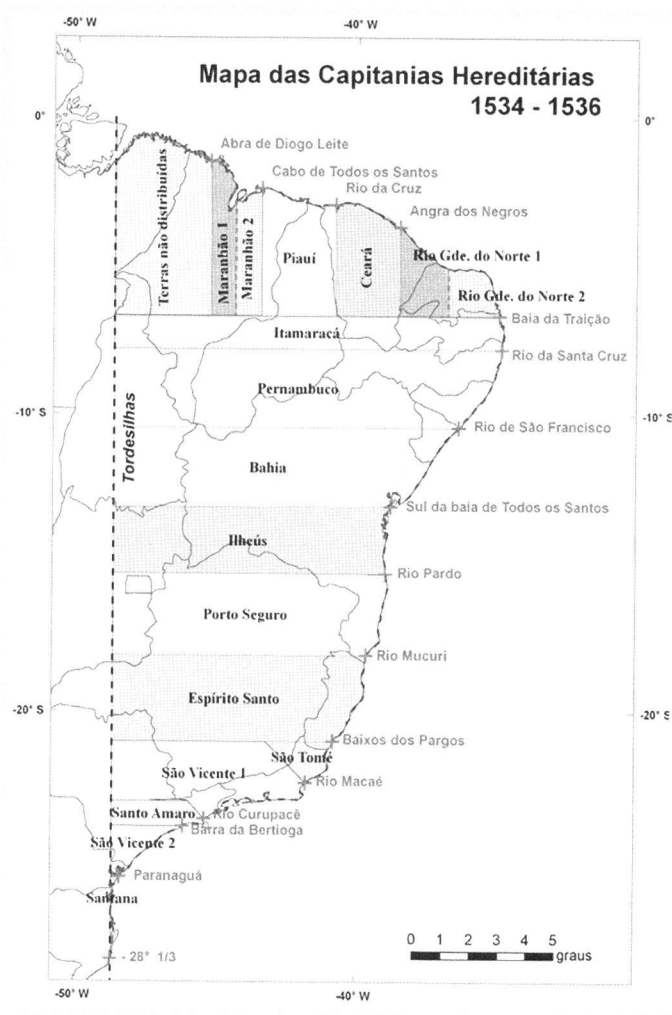

Imagem 1 – Mapa das Capitanias Hereditárias. Cintra (2013).*

*. Este mapa apresenta a atualização proposta pelo Prof. Jorge Pimentel Cintra para as delimitações, após minucioso estudo de todas as doações realizadas e a cartografia da época, publicada no artigo "Reconstruindo o Mapa das Capitanias Hereditárias".

Somente com a Lei nº 1.237, de 24 de setembro de 1864, regulamentada pelo Decreto nº 3.453, de 26 de abril de 1865, é que foi instituído o Registro de Imóveis com a função de transcrever as aquisições imobiliárias e inscrever ônus reais sobre as mesmas[6]. Aliás, a lei com o fim de registro de inscrição de hipotecas foi anterior, criada pela Lei Orçamentária nº 317, de 21 de outubro de 1843. Ou seja, trocando em miúdos, o registro público de imóveis surgiu da necessidade de o Estado garantir seus créditos sobre os imóveis dos cidadãos.

A partir de 1864, a tradição do imóvel foi substituída pela TRANSCRIÇÃO DO TÍTULO, como confirmação com fé pública de transferência de titularidade nos casos de venda e compra, e o contrato que as partes faziam entre si continuou gerando apenas obrigações entre as partes. Observe-se que continuamos, na atualidade, seguindo essa herança de costume: a escritura de venda e compra que fazemos no Cartório de Notas tem validade somente para as partes. O que vai consolidar essa negociação perante todos é o seu efetivo registro no Cartório de Registro de Imóveis.

Nas palavras de Erpen e Paiva (2021):

> Ampliou, assim, o registro para as transmissões de bens de raiz por atos intervivos e constituição de ônus reais, firmando o princípio de que a transmissão do imóvel só se operava por via de Registro, na data deste e, embora não induzisse prova de domínio, regulou a inscrição hipotecária, quer legal, quer con-

---

6. A *inscrição de ônus reais* implica deixar anotado que o possuidor daquele imóvel deve para alguém – geralmente o Estado ou a Igreja – e que seu imóvel está garantindo essa dívida.

vencional, declarando indispensável a transcrição, para validade contra terceiros.

Foi com o Código Civil de 1916 que, finalmente, o registro imobiliário passou a constituir exigência para a aquisição da propriedade imóvel. O atual Código Civil (2002) é claro neste sentido em seu artigo 1.245: "transfere-se entre vivos a propriedade mediante o registro do título translativo no Registro de Imóveis".

Paralelamente ao Código Civil (1916), que instituiu um sistema de registro imobiliário comum, sucederam-se leis e decretos que foram instruindo a forma como se efetivar tais registros até chegarmos na atual Lei nº 6.015, de 31 de dezembro de 1973, e suas modificações (arts. 167 a 288).

Em síntese: após as Capitanias Hereditárias houve a povoação e a delimitação de áreas, formando-se as vilas, as cidades e os estados que hoje conhecemos (ver Imagem 2, na p. 32).

As transcrições que inicialmente foram realizadas pelos vigários passaram para os Cartórios de Registro de Imóveis, que "herdaram" essas circunscrições, ou seja: cada Cartório de Registro de Imóveis possui sua região territorial. Por esse motivo não podemos escolher o cartório em que vamos registrar o imóvel, mas é a divisão da circunscrição territorial dos cartórios quem decide. Veja-se exemplo de divisão de circunscrição em Curitiba-PR, que possui 19 Cartórios de Registro de Imóveis (ver Imagem 3, na p. 33).

Na atualidade, aquelas transcrições de delimitação de cada imóvel, por força da Lei nº 6.015, de 31 de dezem-

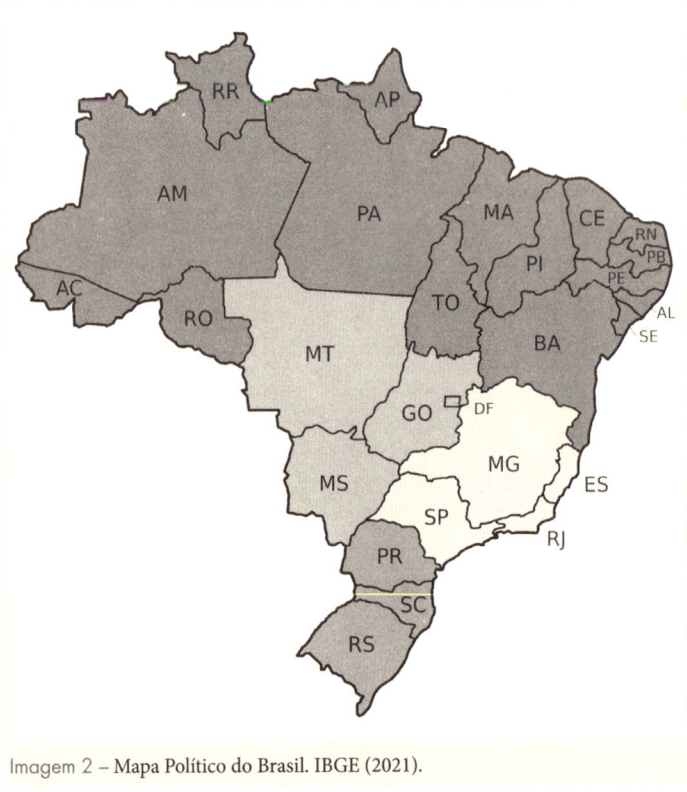

Imagem 2 – Mapa Político do Brasil. IBGE (2021).

bro de 1973, passou a ter uma matrícula. Assim, o imóvel, com suas características e respectivo registro na prefeitura ou no INCRA – se urbano ou rural –, é cadastrado em um documento no cartório que recebe numeração única. Podemos dizer que é como se fosse sua certidão de nascimento. E tudo o que acontecer nesse imóvel deve ser ali anotado (registros e averbações) de modo sequencial (aquisição de terreno, construção de casa, venda da casa, casamento do

DIVISÃO

Curitiba se divide em 19 circunscrições para realização de serviços de registro civil – certidão de nascimento, casamento e óbito. A área de alguns bairros da cidade, caso do Alto Boqueirão, fica em três circunscrições distintas (12ª, 7ª e 19ª), causando confusão para usuários. Confira as circunscrições e o endereço do tabelionato correspondente:

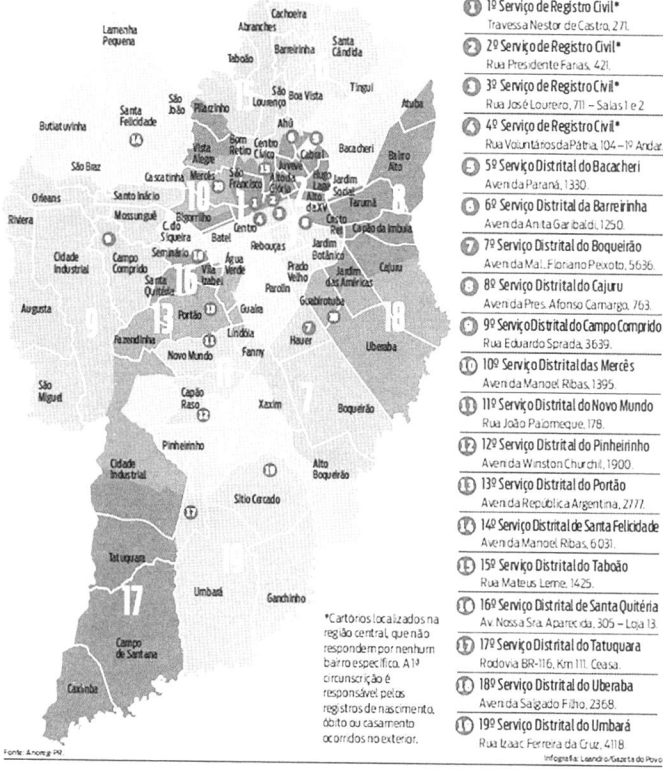

Imagem 3 – Divisão de circunscrição, exemplo de Curitiba-PR. Anoreg-PR (2009).

proprietário, divórcio, falecimento – tudo o que envolva a propriedade e seus direitos deve ser registrado ali). Veja, a seguir, um exemplo de matrícula (ver Imagem 4).

Este documento contém toda a história do imóvel: por este documento tem-se conhecimento de quem são os últimos e atuais proprietários, e se existe alguma anotação (averbação) de que o imóvel possa estar servindo de garantia para algum contrato ou hipotecado ou penhorado (total ou parcialmente). Por essa razão, quando se vai vender um imóvel ou ser fiador, ou qualquer outra atividade que envolva o imóvel, a primeira providência é pedir uma matrícula atualizada.

E é por essa razão que, após a lavratura da escritura de venda e compra, de doação ou de finalização de um inventário relativo a imóveis, tem-se de levar a registro, para fazer constar essa última troca de propriedade e dar publicidade.

2.2. O instrumento de transmissão

Falamos sobre a história dos registros públicos, mas o que devemos levar para registrar? Qual é o documento apto para um registro de transmissão de um bem imóvel? Sabemos que devemos "passar uma escritura no cartório", mas o que isso quer dizer?

Em verdade, pela lei, estamos realizando um "negócio jurídico" quando compramos ou vendemos um imóvel. É o Código Civil quem regra sobre a validade do negócio de todo o tipo de bem, nos seus artigos 104 a 184, e começa

matrícula — ficha — verso

pelo falecimento de JOÃO DA SILVA SOUZA ocorrido em 29 de abril de 2008, o imóvel avaliado em R$ 32.056,00 (trinta e dois mil e cinquenta e seis reais), **FOI ADJUDICADO** a herdeira irmã: JOAQUINA DA SILVA SOUZA , RG n. 3.875.466-SSP/SP, CPF(MF) n. 467.000.000-56 , brasileira, solteira, maior, aposentada, residente e domiciliada na Rua Manuel Vento Paz n. 13-45 , Bauru – SP. Valor Venal: R$ 32.056,00 , (Microfilme n. 257.600).

Marcos Vinícios Marquez
ESCREVENTE

Josefina Pereira Fernandez
Substituta do Oficial

R. 03 – Em 28 de outubro de 2009

Ref. prenotação n. 252.845 , de 27 de outubro de 2009

USUFRUTO: Conforme Escritura Pública de Venda e Compra lavrada em 19 de outubro de 2009, às fls. 323/325, no livro n. 749, do 3º Tabelião de Notas e de Protesto de Letras e Títulos de Bauru – SP, a proprietária **VENDEU** o usufruto do imóvel, pelo valor de R$ 14.456,96 (quatorze mil quatrocentos e cinquenta e seis e noventa e seis centavos), a **CARLOS ANTÔNIO FERRAZ** , RG n. 62.822.495-7 -SSP/SP, CPF(MF) n. 785.985.236-81 , e sua mulher **ANTÔNIA MARIA VALENÇA DIAS**, RG n. 9.652.881-7-SSP/SP, CPF(MF) n. 025.958.145-23 , brasileiros, bancários, casados sob o regime da comunhão universal de bens, na vigência da Lei n. 6.515/77, nos termos da escritura de pacto antenupcial registrada sob n. 4.385, no livro 03-AUX, do 1º Oficial de Registro de Imóveis de Bauru – SP, residentes e domiciliados na Rua Orlando Carlos Paz n. 5-12, Bauru – SP. Valor Venal de Referência: R$ 14.483,74. (Microfilme n. 272.448).

Marcos Vinícios Marquez
ESCREVENTE

Flávia Antunes dos Santos
OFICIAL

R. 04 – Em 28 de outubro de 2009

Ref. prenotação n. 272.448, de 27 de outubro de 2009

VENDA E COMPRA. Conforme Escritura Pública mencionada no registro anterior, **JOAQUINA DA SILVA SOUZA** , qualificada, **VENDEU** a nua propriedade do imóvel, pelo valor de R$ 39.333,44 (trinta e nove mil e trezentos e trinta e três reais e quarenta e quatro centavos), a **FIRMINO VALENÇA DIAS FILHO**, RG n. 22.182.595.8 -SSP/SP, CPF(MF) n. 222.811.825-6 , empresário, casado sob o regime da comunhão parcial de bens, na vigência da Lei n. 6.515/77 , com **ALESSANDRA REGINA MARIA VALENÇA DIAS** , RG n. 13.891.455-6 -SSP/SP, CPF(MF) n. 566.799.332-9 , professora, ------------------------(continua na ficha n. 02).------------------------

Imagem 4 – Modelo de Matrícula de Imóvel.

pela validade de um negócio. A lei determina alguns requisitos para que o negócio tenha validade perante todos:

> **Art. 104.** A validade do negócio jurídico requer:
> I – agente capaz;
> II – objeto lícito, possível, determinado ou determinável;
> III – forma prescrita ou não defesa em lei.

Agente é a pessoa que vai realizar o negócio. Tanto o comprador como o vendedor têm de ser capazes, estarem conscientes do que estão fazendo. É para atender esse artigo do Código que, quando uma pessoa ainda é menor de idade ou sofreu algum acidente que provocou sua incapacidade (momentânea ou permanente) se requer ao juiz autorização para outra pessoa assinar no seu lugar.

Para se fazer qualquer negócio, o objeto, a coisa que estamos negociando, deve ser lícita, ou seja, não pode ter vindo de um furto, por exemplo. Se alguém comprar um trator que foi objeto de furto, mesmo que pague por ele, esse negócio não terá validade e a pessoa poderá perder o objeto. Também se pode fazer negócio com coisas futuras, por exemplo a compra de um novilho que está por nascer, ou seja, o objeto deve ser possível, determinado ou determinável.

Quando se trata de uma transação com um imóvel, o que garante que o objeto seja lícito é a sua matrícula no Cartório de Registro de Imóveis. Como tudo o que acontecer com o imóvel deve ser ali registrado, com uma matrícula atualizada (ou seja, recém-solicitada no cartório) pode-se comprovar que o vendedor é o proprietário, que não existe penhora ou outra constrição no imóvel.

E, finalmente, a forma de se fazer o negócio tem de ser a prescrita ou não proibida por lei. Por exemplo, quando vamos comprar algo no mercado, apenas pegamos a coisa, pagamos e trazemos para casa. No caso da compra de um carro, no entanto, temos de assinar o recibo próprio e fazer a transferência junto ao Detran. É a lei que assim determina. No caso de imóveis, o artigo 108 do Código Civil prescreve:

> **Art. 108.** Não dispondo a lei em contrário, a escritura pública é essencial à validade dos negócios jurídicos que visem à constituição, transferência, modificação ou renúncia de direitos reais sobre imóveis de valor superior a trinta vezes o maior salário-mínimo vigente no País.

Ou seja, quando vamos comprar ou vender, receber em doação ou doar, renunciar a algum direito sobre um bem imóvel, se o valor desse imóvel for superior a trinta vezes o maior salário-mínimo vigente no país, tem-se de comparecer em um Cartório de Notas para lavrar a escritura pública. Se o bem tiver valor menor que trinta salários-mínimos, um contrato particular tratando do assunto, com assinatura das partes e de duas testemunhas, será o suficiente.

2.2.1. Direitos reais e direitos obrigacionais

O artigo 108 do Código Civil fala em "direitos reais" sobre imóveis. O que seria esse "direito real"? Para melhor compreensão vamos nos espelhar no trabalho de Dilvanir José da Costa (1999).

Citando Henri Capitant, Costa considera que a distinção entre direito real e direito obrigacional seja a espinha dorsal do direito privado (o direito privado é, em resumo, o conjunto de leis que regram a vida das pessoas, e seu principal conteúdo está no Código Civil).

Se pararmos para pensar, é bem isso mesmo. Toda a nossa vida se resume em ter, querer ter, querer se desvencilhar de coisas e assumir obrigações para com as pessoas a fim de obter alguma coisa. Assim, é importante compreendermos o que é direito real e o que é direito obrigacional para o nosso dia a dia.

Costa (1999) explana que,

> [...] o que mais caracteriza o direito real é o "jus in re" ou poder direto do titular sobre a coisa. [...] Isso significa que, na relação real, o titular se acha vinculado diretamente à coisa, podendo exercer imediatamente o seu direito real sem dependência da prestação de outra pessoa. [...]
> Diferente é a situação do credor de uma obrigação que tem por objeto a prestação de um direito real sobre a mesma coisa. Ele tem apenas um "jus ad rem" ou direito à coisa ou direito de crédito sobre a mesma. Sendo mero credor de uma prestação de transferência do domínio ou de constituição de outro direito real, ele apenas crê ou confia na honestidade

e solvabilidade do devedor, que poderá decepcioná-lo, descumprindo a obrigação e frustrando-lhe a expectativa de atingir o direito real.

Outra característica do direito real é, ainda segundo Costa (1999), o poder absoluto do titular sobre a coisa "porque se exerce 'erga omnes' ou contra toda a coletividade, que se deve abster de perturbar essa relação". Já o poder mediato ou indireto do credor de uma prestação se exerce somente contra o devedor da mesma.

Um efeito do direito real é "poder extrair do seu objeto os benefícios ou proveitos inerentes" – usar diretamente ou por meio de terceiro (emprestar), fruir (alugar) e dispor (alienar, alterar, destruir, consumir).

O poder absoluto ou *erga omnes* tem como efeito prático ou vantagem o direito de sequela ou de seguir, perseguir, o objeto de seu direito onde quer que esteja e reivindicá-lo do poder de quem injustamente o possua.

Esses efeitos vêm assegurados no Código Civil, no *caput* do seu artigo 1.228:

> Art. 1.228. O proprietário tem a faculdade de usar, gozar e dispor da coisa, e o direito de reavê-la do poder de quem quer que injustamente a possua ou detenha.

Dilvanir José da Costa (1999) complementa:

> Cerca de noventa por cento dos direitos reais são constituídos por meio da compra e venda, da permuta, da doação e da

dação em pagamento (inclusive em hasta pública e desapropriação ou venda compulsória). Os demais o são por acessão, usucapião, sucessão hereditária e outros restritos modos de aquisição. Daí a importância da tradição como modo de aquisição dos móveis e da transcrição do título no registro imobiliário para a constituição dos direitos reais sobre os imóveis. Em nosso direito civil, não basta o consentimento das partes nos contratos para se adquirir o domínio ou outro direito real. O efeito constitutivo decorre da tradição ou entrega real ou simbólica ou formal dos móveis e da transcrição do contrato ou título respectivo no registro imobiliário da situação do imóvel. Numa palavra, o requisito do direito real é a publicidade, por meio da tradição e da transcrição.

Essa previsão encontra-se no Código Civil, em seu artigo 1.245:

> **Art. 1.245.** Transfere-se entre vivos a propriedade mediante o registro do título translativo no Registro de Imóveis.
> § 1º. Enquanto não se registrar o título translativo, o alienante continua a ser havido como dono do imóvel.
> § 2º. Enquanto não se promover, por meio de ação própria, a decretação de invalidade do registro, e o respectivo cancelamento, o adquirente continua a ser havido como dono do imóvel.

Não basta tão somente o registro. Tem-se de finalizar o que o conhecimento sistêmico denomina de apropriação do pertencimento.

23. As consequências que podem advir da falta do registro da escritura de transmissão do imóvel e a visão sistêmica sobre o tema

Outros detalhes de suma importância são: comunicar as concessionárias de água e luz, assim como a prefeitura municipal, da alteração do proprietário. É muito comum a pessoa adquirir o imóvel, a escritura ser levada a registro e as contas de água e luz (e de gás, onde existe esse tipo de fornecimento), assim como o IPTU, permanecerem em nome do antigo proprietário, pela simples falta de comunicação.

Infelizmente ainda não existe uma comunicação entre os Cartórios de Registro de Imóveis, a municipalidade e as concessionárias. Se acontecesse esse comunicado automático, as alterações poderiam acontecer quase que imediatamente.

A lei de Registros Públicos não determina quem é obrigado a fazer o registro da escritura de venda e compra, mas, pelos *usos e costumes*, todos têm consciência de que, quando se vai comprar um imóvel, além das despesas com a escritura, o comprador arcará com as despesas de registro.

Como não há obrigatoriedade de fazê-lo imediatamente, muitas vezes, por falta de dinheiro ou por outras razões, deixa-se para depois; e esse "depois" nunca chega.

No que diz respeito às contas de água, luz e gás, como o não pagamento incorre na interrupção do fornecimento por parte das concessionárias, é mais difícil que sejam deixadas "para depois". Já com o IPTU, por exemplo, se acontecer o atraso no pagamento, a municipalidade executa seu crédito. E nesse caso o nome do antigo proprietário é que é executado e levado às listas de restrições de crédito. Um transtorno na vida do ex-proprietário, que terá de contratar um advogado para defendê-lo na execução, por falta de conhecimento ou má-fé do adquirente.

Vai-se à procura da matrícula atualizada e se verifica que o comprador NÃO REGISTROU a escritura de compra e venda. Ou seja, não tem como provar junto à municipalidade que o débito não é seu, pois o que vale na transmissão da propriedade de um imóvel é o registro da escritura.

O então executado tem três opções: pagar a conta (que não é sua); tirar uma segunda via da escritura de compra e venda, levá-la a registro e pagar a conta (porque pode o juiz da execução entender que o débito só não será devido a partir da data do registro, e não da data em que foi lavrada a escritura), ou procurar o atual proprietário e fazê-lo assumir a dívida, assim como efetivar o registro da escritura – preferencialmente amigável e administrativamente, já que, em uma ação de obrigação de fazer, ainda pode receber uma sentença de que a lei de Registros Públicos não prevê a obrigatoriedade do comprador em registrar a compra do imóvel, sendo certo que poderia o vendedor registrar tal compra e se livrar das dívidas (esquecendo-se completamente dos *usos e costumes*).

Observa-se aqui a falta do respeito à lei da hierarquia no movimento sistêmico. Além da vontade de vender, de ir ao cartório assinar a escritura de venda e compra, tem o vendedor de receber o valor justo pela transação e despojar-se do sentimento de pertencimento por esse bem, exigindo que o comprador cumpra e honre com o fechamento desse ciclo, efetuando o registro da escritura e comunicando concessionárias e prefeitura da alteração da propriedade. Se assim não se proceder, certamente o vendedor ainda tem algum sentimento não resolvido em relação ao bem, que indiretamente o prende a ele; ou, por outro lado, o adquirente não assimilou o sentimento de pertencimento por algum motivo: honrou ele a história do imóvel? Pagou o valor justo?

Havendo o despojamento por parte do vendedor e o cumprimento, por parte do comprador, de todas as suas obrigações, aí sim, o sistema como um todo se harmoniza.

Para tranquilidade do vendedor, quando da lavratura da escritura, deve-se pedir para fazer constar que as despesas com o registro são por conta exclusiva do comprador, e que o mesmo terá o prazo de 30 (trinta) dias para providenciar o registro.

Em uma eventualidade de o comprador não cumprir com o acordado, terá o vendedor a garantia, em uma ação de obrigação de fazer (efetivar o registro), de mostrar para o juiz que houve o acordo não cumprido pela outra parte, e assim obter uma sentença favorável, obrigando o comprador a efetuar o registro.

Outra providência é o vendedor obter cópia da matrícula atualizada (já com o novo registro da venda) e ele mesmo pedir a alteração do nome junto às concessionárias e à municipalidade, fechando o ciclo e inibindo dissabores futuros.

2.4 A regra sistêmica do pertencimento

Sistemicamente, o sentido do pertencimento só se concretiza com o efetivo registro e a transferência do nome nos encargos do imóvel, ou seja, com o cumprimento de todas as etapas exigidas pelas leis de convivência em sociedade: o interesse na compra e na venda, a efetivação do pagamento, a escrituração, a transferência da posse do vendedor para o comprador, o registro na matrícula do imóvel e as devidas alterações de nome junto às concessionárias de fornecimento de água, luz, gás e junto à municipalidade, para que no carnê do IPTU conste o nome do proprietário atual. Não basta comprar, pagar, assinar a escritura, pegar as chaves e se mudar. Para se fechar o ciclo do proprietário anterior é necessário assumir completamente o imóvel que se está adquirindo. Implicitamente está-se cumprindo a regra do dar e receber, e a hierarquia, honrando o proprietário anterior, e dando novo olhar ao imóvel, respeitando-se a regra do pertencimento, com a harmonia de todas as leis.

Não é raro você visitar um amigo e, ao sair de sua casa, comentar com quem está com você que a casa ou o apartamento não tem a "cara" do amigo, parece que não é dele. Ou, ao contrário, o amigo lhe recebe em seu novíssimo imóvel e você se sente como se ali fosse sua casa há anos.

É a regra do pertencimento, sistemicamente falando. Por ignorância ou falta de alguma coisa, a pessoa deixa de completar todas as etapas para efetivamente fechar o ciclo daquela propriedade com o último dono, e as energias ali ficam conflitantes. Aquela frase "há algo estranho no ar" rondará esse imóvel e seus possuidores.

Essa mesma regra vale também para o terreno. No caso de um condomínio, a incorporadora tem a responsabilidade de conhecer as origens do terreno que foi escolhido para a construção do empreendimento: verificar se há mina de água rasa sob o terreno (o que futuramente poderá até desestabilizar o prédio); se o local, um dia, serviu de aterro sanitário ou depósito subterrâneo de material inflamável; se há alagamento no local. Para esses casos existe a possibilidade de limpeza e adequação do terreno ANTES do início da construção. "Fechar os olhos", camuflar e deixar que os problemas surjam futuramente é desrespeitar a regra do pertencimento. Tem-se de fechar o ciclo anterior para se iniciar o próximo.

Vale lembrar também das áreas disponibilizadas por meio de aterro (geralmente próximo ao mar). Em verdade, elas pertencem ao mar, que em algum momento as reivindicará. Ou seja, grandes construções não devem ocorrer ali.

Tem-se também, por determinação legal (art. 20 da Constituição Federal), os bens da União. É muito comum a construção de empreendimentos em terrenos da Marinha, por exemplo: os manguezais, as praias e a faixa de segurança após o final das praias costeiras. A Instrução Normativa nº 2, de 27 de julho de 2018, do Ministério do Planejamento, Desenvolvimento e Gestão, Secretaria do Patrimônio da União, conceitua e determina critérios para identificação das áreas de domínio da União relacionadas nos incisos III, IV, VI e VII do artigo 20 da Constituição Federal:

> **Art. 20.** São bens da União:
>
> [...]
>
> III – os lagos, rios e quaisquer correntes de água em terrenos de seu domínio, ou que banhem mais de um Estado, sirvam de limites com outros países, ou se estendam a território estrangeiro ou dele provenham, bem como os terrenos marginais e as praias fluviais;
>
> IV – as ilhas fluviais e lacustres nas zonas limítrofes com outros países; as praias marítimas; as ilhas oceânicas e as costeiras, excluídas, destas, as que contenham a sede de Municípios, exceto aquelas áreas afetadas ao serviço público e a unidade ambiental federal, e as referidas no art. 26, II;
>
> [...]
>
> VI – o mar territorial;
>
> VII – os terrenos de marinha e seus acrescidos;
>
> [...]

Portanto existem leis protegendo o patrimônio público, e não são raras notícias de empreendimentos embargados por estarem em terrenos públicos ou em áreas de reserva florestal ou indígena.

Outra situação muito comum é a construção de empreendimentos urbanos em área definida como rural na municipalidade.

Deve-se conhecer todos os detalhes da constituição do terreno antes da efetivação da negociação, pois, se nasce de maneira errada, não tem como sobreviver sem advirem problemas futuros.

Nesta regra do pertencimento está a circunscrição do Cartório de Registro de Imóveis. Como vimos em nossa abordagem histórica, as terras nacionais pertenciam à Igreja, que as transferiu para a administração do governo. Os Cartórios de Registro de Imóveis são seus legítimos herdeiros administradores e devem ser respeitados. Os proprietários devem compreender que seu imóvel pertence ao sistema de determinado cartório.

Pode ocorrer de um empreendimento ser construído em terrenos limítrofes de circunscrição cartorária. Uma quadra inteira que pertence metade para um cartório e metade para outro. Muito provavelmente a quadra, quando da urbanização da região, foi loteada e dividida para seus respectivos cartórios. Todavia, quando da aquisição da quadra para a construção do empreendimento, a incorporadora não se ateve para tal fato e simplesmente construiu quatro blocos com vinte apartamentos cada, espaço para garagens, tudo junto, como se pertencessem à mesma circunscrição.

Na hora do depósito da documentação constatou-se o problema: a quem pertence cada parte? Como registrar as unidades autônomas? A solução foi a de se efetivar o registro nos dois cartórios (e cada cartório somente poderá cobrar pela metade do valor da negociação para não onerar o proprietário). Esses imóveis ficaram sem identidade de circunscrição. Ao se passarem os anos, esse detalhe ficará na história, e se as novas pessoas que assumirem os cartórios não forem bem instruídas por seus antecessores, problemas de registros surgirão. Assim também devem os proprietários informar com clareza os compradores sobre essa peculiaridade, para que não deixem de efetuar o registro em um dos cartórios.

Respeitar a origem sistêmica dos terrenos é a primeira regra para que a construção, a comercialização e a vida em um condomínio ou em um imóvel com construção unitária sejam tranquilas.

DIREITOS REAIS

Sabendo que a propriedade sobre uma coisa é o poder que a pessoa tem para dispor desse bem da forma como lhe convier (usar, modificar, destruir, dar, emprestar, vender ou alugar), assim como reavê-lo de quem quer que injustamente o possua ou detenha (art. 1.228 do Código Civil), é importante saber que esse é apenas um dos direitos reais existentes em nosso ordenamento jurídico.

O Código Civil, em sua Parte Especial, dedica o seu Título II do Livro III (Direito das Coisas) aos DIREITOS REAIS (arts. 1.225 a 1.227). E elenca, no artigo 1.225, quais são os direitos reais; no artigo 1.226, como se transmitem esses direitos sobre coisas móveis; e, no artigo 1.227, como se transmitem sobre imóveis:

Art. 1.225. São direitos reais:

I – a propriedade;

II – a superfície;

III – as servidões;

IV – o usufruto;
V – o uso;
VI – a habitação;
VII – o direito do promitente comprador do imóvel;
VIII – o penhor;
IX – a hipoteca;
X – a anticrese.
XI – a concessão de uso especial para fins de moradia;
XII – a concessão de direito real de uso; e
XIII – a laje.

Art. 1.226. Os direitos reais sobre coisas móveis, quando constituídos, ou transmitidos por atos entre vivos, só se adquirem com a tradição.

Art. 1.227. Os direitos reais sobre imóveis constituídos, ou transmitidos por atos entre vivos, só se adquirem com o registro no Cartório de Registro de Imóveis dos referidos títulos (arts. 1.245 a 1.247), salvo os casos expressos neste Código.

Ainda sobre Direitos Reais, nas suas Disposições Finais e Transitórias, no artigo 2.038, o Código Civil proíbe novas constituições de enfiteuse:

Art. 2.038. Fica proibida a constituição de enfiteuses e subenfiteuses, subordinando-se as existentes, até sua extinção, às disposições do Código Civil anterior, Lei nº 3.071, de 1º de janeiro de 1916, e leis posteriores.

§ 1. Nos aforamentos a que se refere este artigo é defeso:

I – cobrar laudêmio ou prestação análoga nas transmissões de bem aforado, sobre o valor das construções ou plantações;

II – constituir subenfiteuse.

§ 2. A enfiteuse dos terrenos de marinha e acrescidos regula-se por lei especial.

O Código Civil anterior (1916), a nosso entender, era mais didático, pois tratava esses direitos reais como "direitos reais sobre coisas alheias", e anunciava em seu artigo 674:

Art. 674. São direitos reais, <u>além da propriedade</u>: (*grifo nosso*)

I – A enfiteuse;

II – As servidões;

III – O usufruto;

IV – O uso;

V – A habitação;

VI – As rendas expressamente constituídas sobre imóveis,

VII – O penhor;

VIII – A anticrese; e

IX – A hipoteca.

Pontes de Miranda (1957a) os denominava como "direitos reais limitados".

Antes de compreendermos essas formas de direito real sobre a coisa, é importante nos atentarmos para os nove tipos que existiam na vigência do Código Civil de 1916 e para os treze atuais.

O atual Código Civil, ao tratar dos Direitos Reais, inclui a propriedade, pois não a trata separadamente dos demais. Quanto à enfiteuse, como vimos no artigo 2.038, não pode mais ser constituída, exceto nos terrenos de marinha que têm regulação própria. Fez permanecer, no entanto, as servidões, o usufruto, o uso, a habitação, o penhor, a anticrese e a hipoteca.

As rendas expressamente constituídas sobre imóveis foram suprimidas como direito real.

O atual Código trouxe, de novidade, os direitos reais de superfície (art. 1.225, II), do promitente comprador do imóvel (art. 1.225, VII) e, posteriormente, em 2007, acrescentou-se a concessão de uso especial para fins de moradia (art. 1.225, XI) e, em 2017, a concessão de direito real de uso (art. 1.225, XII) e a laje (art. 1.225, XIII).

Por que estamos falando de propriedade e de outras formas de direitos reais? Porque, sistemicamente, é necessário que conheçamos o passado para poder honrá-lo. Dessa forma, é preciso que saibamos a origem do terreno sobre o qual se construiu uma propriedade imobiliária.

3.1. A propriedade

Sabemos que o imóvel foi construído sobre um terreno. Então, antes da construção houve uma negociação ou o terreno já era da construtora? De que forma a construtora adquiriu esse terreno? Ela é mesmo a proprietária? Quanto valia esse terreno? Por quanto o comprou? Será que o comprou ou usucapiu?

3.1.1. A efetivação da aquisição

O Código Civil é claro ao dizer que se transfere entre vivos a propriedade imóvel quando da efetivação do registro do título translativo no Registro de Imóveis (art. 1.245), que pode ser uma escritura de venda e compra, um formal de partilha, uma sentença judicial declarando a aquisição do imóvel por usucapião[7].

Sistemicamente falando, a transmissão do imóvel acontecerá somente quando as três leis estiverem em harmonia:

- a *hierarquia*: a honra ao passado, o conhecimento e o respeito a tudo o que ali aconteceu;
- o *dar e receber* – o preço pago, o valor justo pactuado: o comprador pagou o valor justo pelo bem ou se baseou em algum valor previamente estipulado? O vendedor recebeu o valor que para ele foi justo ou aceitou oferta maior ou menor?
- a *regra do pertencimento*: ao assinar a escritura e entregar as chaves, o vendedor se desvinculou emocionalmente do imóvel? O comprador, ao receber as chaves, está consciente de que deve, além de levar a registro a escritura, fazer as alterações dos

---

7. *Usucapião* é a forma de aquisição de uma propriedade que ocorre quando se fica por determinado tempo, sem interrupção, nem oposição, possuindo como seu o imóvel, conforme cada caso previsto em lei.

nomes junto às concessionárias e à prefeitura e, principalmente, pegar as chaves com o sentimento de pertencimento?

3.1.2. Outros tipos de aquisição

Vale lembrar ainda que o Código Civil, em seus artigos 1.248 a 1.259, prevê outros tipos de aquisição:

- *acessão*: são os casos de ilhas que se formam em correntes comuns ou particulares, e que, observadas algumas regras, ficam pertencendo aos proprietários ribeirinhos;
- *aluvião*: são acréscimos formados, sucessiva e imperceptivelmente, por depósitos e aterros naturais ao longo das margens das correntes ou pelo desvio das águas, que também ficam pertencendo aos donos dos terrenos marginais;
- *avulsão*: ocorre quando, por força natural violenta, uma porção de terra se destaca de um prédio e se junta a outro; neste caso, o dono adquirirá a propriedade do acréscimo desde que indenize o outro dono ou, se passado um ano ninguém reclamar, sem indenização; e
- *álveo abandonado de corrente*: este também pertence aos proprietários ribeirinhos das duas margens.

O Código prescreve que toda construção ou plantação existente em um terreno presume-se feita pelo proprietário e à sua custa, até que se prove o contrário (art. 1.253), e depois faz regramentos específicos.

O que nos importa, no entanto, é ter o conhecimento de que uma propriedade pode acontecer de diversas formas, sendo necessário, para todas elas, a constituição de documento apto para registro e que este seja efetivamente levado a registro.

Pela leitura da matrícula do imóvel, conheceremos sua história de constituição: como chegou às dimensões atuais e como foi sua aquisição até chegar a nós. Todos esses detalhes têm de estar resolvidos para que se possa edificar sobre ele, garantindo-se, dessa forma, o cumprimento da lei da hierarquia, ou seja, o honrar os antepassados.

Dos direitos reais limitados

O direito de propriedade é um direito real por excelência. Como vimos, o proprietário é o senhor possuidor de direitos sobre o imóvel. Pode fazer dele o que bem entender e está protegido pela lei.

Todavia, ao falarmos de direito real de superfície, servidões, usufruto, uso, habitação, promitente comprador do imóvel, penhor, hipoteca, anticrese, concessão de uso especial para fins de moradia, concessão de direito real de uso, laje e enfiteuse, observaremos que o proprietário transfere parte de seus direitos sobre o bem para uma terceira pessoa.

Portanto devemos observar que imóveis com envolvimento de direitos reais limitados possuem características diferentes de uma propriedade plena. Até mesmo na hora de se negociar (se for possível, por conta do instituto que foi utilizado) o valor será menor, porque está faltando parte de algum direito de uso, gozo e até mesmo de domínio sobre o bem.

O imóvel com propriedade plena, sistemicamente falando, é um sistema autônomo, no qual o proprietário (ou os proprietários) tem (ou têm) pleno controle sobre o mesmo. A partir do momento, por exemplo, em que se faz usufruto, nasce um novo sistema, menor que o anterior e sempre dele dependente. Para exemplificar, é como se estivesse dentro do sistema anterior, pertencente a ele:

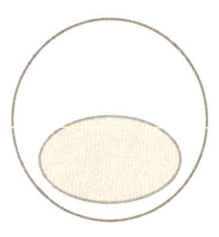

Em outras palavras, a partir do momento em que o proprietário faz um usufruto e vende o espaço aéreo para a laje, o que era muito comum antigamente – e muitos imóveis ainda estão sob domínio de terceiro, que se acha dono por ter comprado a propriedade sem ter conhecimento da dinâmica da enfiteuse –, passa-se a ter direitos limitados sobre o imóvel, com sistemas distintos, mas dependentes entre si, o que pode gerar certo desconforto e até mesmo irresignação nas pessoas, por não saberem ou não compreenderem por que, por exemplo, no caso da enfiteuse, até

2002, tinha-se de pagar laudêmio ou, sempre que se vendia o imóvel, tinha-se de pagar uma "taxa" para a Igreja, para a Marinha ou para outra pessoa.

Como sistema dependente, jamais alcançará maturidade e autonomia próprios, porque, encerrado o ciclo (usufruto, por exemplo), a propriedade plena voltará ao nu proprietário, que retornará a ser proprietário pleno da coisa. Outro exemplo é a hipoteca: paga a dívida, o imóvel é novamente liberado.

Segundo Niklas Luhnan (2016), em sua Teoria dos Sistemas Sociais, para existir um novo sistema é necessária a mudança de código que estrutura o sistema atual, criando autonomia e se autorregulando em si mesmo. Os direitos reais limitados nunca terão um código próprio, pois sempre estarão dependentes do sistema maior de onde se originaram.

O que causa a confusão nas pessoas que desconhecem os institutos das propriedades limitadas é que, embora seja um sistema dependente do sistema maior (cognitivamente aberto), funcionalmente é autônomo (funcionalmente fechado), levando as pessoas a entenderem que estão praticando atitudes plenas sobre a propriedade quando não estão.

Faz-se necessário ter o conhecimento desses institutos a fim de compreender suas dinâmicas sistêmicas internas e saber como agir perante o sistema maior, bem como, até mesmo, como realizar o necessário para tornar-se proprietário absoluto ou não finalizar uma negociação até que o então pretendente de venda realize o necessário a fim de liberar o imóvel para negociação plena.

Vamos conceituar cada um desses direitos reais muito superficialmente, apenas para compreensão das consequências advindas quando da instituição de um desses direitos reais em um imóvel.

3.2.1. A superfície
(art. 1.225, II, e arts. 1.369 a 1.377 do Código Civil, e arts. 21 a 24 da Lei nº 10.257, de 10.7.2001 – "Estatuto da Cidade")

Por meio de escritura pública de superfície (que deve ser registrada no Cartório de Registro de Imóveis), o proprietário de um terreno concede a outra pessoa o direito de construir ou de plantar no seu imóvel. Nessa escritura deve estar especificada a destinação que o superficiário dará ao terreno, pois, caso se dê outro destino, o contrato será dissolvido. Vale aqui lembrar que o Código Civil regra também imóveis rurais, enquanto que o Estatuto da Cidade atém-se a terrenos urbanos.

Um terreno que o proprietário não está utilizando pode ser usado para a construção de um estacionamento, por exemplo, ou de um supermercado, de prédios etc. O imóvel agora terá uma destinação.

Temos, então, uma limitação da propriedade. O dono dá ao superficiário o direito de construir no seu imóvel e lá permanecer por determinado tempo. A posse do terreno passa a ser do superficiário, que ali fará uma construção às suas expensas e para seu uso, portanto essa construção será sua.

Essa concessão pode ser gratuita ou onerosa. Se onerosa, deve-se estipular se o pagamento será à vista ou parceladamente. O superficiário ficará com os encargos e tributos que incidirem sobre o imóvel, e, claro, ficará na posse do mesmo pelo tempo contratado.

O superficiário poderá transferir esse direito de superfície a outra pessoa, assim como, se falecer, seus herdeiros darão continuidade ao contrato. O parágrafo único do artigo 1.372 do Código Civil proíbe, quando da transferência do direito de superfície, qualquer tipo de pagamento por essa transferência ao proprietário do imóvel. O imóvel também pode ser vendido, devendo o novo dono respeitar esse contrato de superfície.

Neste instituto há o direito de preferência, qual seja: em caso de transferência ou venda, tanto do imóvel quanto do direito de superfície, terá o superficiário ou o proprietário direito de preferência na compra.

Extinta a concessão, o proprietário passará a ter, novamente, a propriedade plena sobre o terreno, com a construção ou a plantação, independentemente de indenização se nada se estipulou na escritura.

Quais as consequências práticas desse instituto na vida das pessoas?

Vamos dar como exemplo a escritura de superfície para construção de um prédio comercial, com prazo de 30 anos.

O terreno tem um valor, e a construção sobre ele lhe agregará valor. O superficiário pagou um valor para ter essa oportunidade (que não é o valor do terreno). Esse prédio comercial tem várias salas, devidamente individualizadas, e o superficiário pode comercializá-las.

Para o proprietário do terreno, em nada muda. Ele tem um contrato finito (30 anos), e ele ou seus sucessores reaverão a posse desse imóvel com a construção. Os adquirentes das salas deverão ter o conhecimento de que, em determinada data, não mais terão o direito de superfície sobre sua sala, devendo, então, pagar aluguel ao proprietário ou adquirir o imóvel dele. Portanto, o valor de comercialização dessas salas deverá ser inferior ao valor convencional de venda e compra. E tanto os herdeiros do proprietário como do superficiário terão de ter o conhecimento desse negócio para colocar o bem no inventário.

Se o superficiário só tem a superfície por determinado tempo e está pactuado que tudo voltará ao proprietário no prazo estipulado, se vier a falecer, o valor a ser declarado da superfície será o da construção tão somente, com depreciação a ser calculada, pois se o falecimento ocorrer logo nos primeiros anos do contrato, os herdeiros usufruirão por mais tempo, se quase no final, logo tudo será do proprietário do terreno.

Há doutrinadores dizendo que o direito de superfície veio substituir a enfiteuse, extinta com o advento do Código Civil de 2002. Alguns alegam até mesmo se tratar a enfiteuse de um instituto medieval e carecedor de atualização.

Todavia, conforme se poderá observar quando tratarmos do tema, são institutos totalmente distintos e com características próprias.

3.2.2. As servidões
(art. 1.225, III, e arts. 1.378 a 1.387 do Código Civil)

Em síntese, a servidão ocorre quando em imóveis próximos, de proprietários diferentes, existem peculiaridades em um deles que poderão beneficiar o outro. A lei chama de "prédio dominante" aquele que se utiliza do "prédio serviente".

Por exemplo: propriedade rural. Uma possui fonte de água, a vizinha não. Então o proprietário do imóvel vizinho "dominante" faz um desvio dessa fonte para poder irrigar ou levar água à sua propriedade ou mesmo formar ali um lago. Isso é feito com a anuência do proprietário do prédio serviente, e, para se tornar servidão – um direito real que permanecerá no imóvel independentemente de quem seja o proprietário –, deverá se lavrar escritura pública e se registrar em cartório.

Outro tipo de servidão é a de passagem. Terreno encrustado entre outros: para se ter uma saída tem-se de utilizar parte do terreno vizinho.

É, portanto, um direito real sobre imóvel alheio com duração indefinida, ou seja, até que não exista mais a necessidade. Por exemplo: servidão de passagem para ter acesso à rua. Constrói-se uma nova rua ao fundo, dando frente para essa rua ao terreno que não tinha saída. A servidão pode ser extinta, e, para tanto, deve-se formalizar a alteração por escritura e registrá-la.

As servidões podem ser aparentes (como no caso de direito de passagem) ou não aparentes (que ficam no subsolo, por exemplo: passagem de água ou esgoto). Também se diz positiva quando o proprietário do prédio dominante tem de fazer algo (tirar a água ou passar), e negativa quando o prédio serviente não pode fazer algo (não levantar um muro acima de 2 metros, por exemplo). E, finalmente, podem ser contínuas, quando, depois de feitas, por si só dá-se continuidade, por exemplo: duto de água, depois de instalado somente o proprietário do prédio serviente tem de conservá-lo, não podendo mexer; ou descontínuas, por exemplo: feita a passagem, ela pode ou não ser utilizada.

Existe todo um regramento no Código Civil, mas o que nos importa neste contexto é saber que o imóvel serviente perde valor e o imóvel dominante ganha valor. Assim, observar a existência de servidão em um terreno é importante. Por exemplo, compra-se um terreno serviente para construir uma casa com piscina. No local da piscina passa um encanamento de água e esgoto do prédio vizinho a um metro de profundidade: não se poderá construir a piscina, a menos que, às custas do comprador, se modifique essa servidão.

3.2.3. O usufruto
(art. 1.225, IV, e arts. 1.390 a 1.411 do Código Civil)

Quando se fala em usufruto, para a maioria das pessoas surge o pensamento daquela pessoa que deseja doar um bem e ficar com o "usufruto" vitalício. É comum acontecer, após o falecimento do cônjuge, de o sobrevivente já doar sua parte aos filhos, ficando com o "usufruto"; ou mesmo alguém doar para outrem seu imóvel, mas ficar com "o usufruto".

A pessoa comparece em cartório para fazer uma escritura de doação do bem, mas fica com o usufruto.

Nas palavras de Pontes de Miranda (1957b): "Usufruto é direito real limitado que consiste em ter determinada pessoa, física ou jurídica, o uso e a fruição da coisa gravada, respeitados a própria coisa e o seu destino.".

O Código Civil de 1916, em seu artigo 713, assim definia usufruto: "Constitui usufruto o direito real de fruir as utilidades e frutos de uma coisa, enquanto temporariamente destacado da propriedade.".

Trata-se de um contrato onde o proprietário dá o direito de usar e usufruir de um ou vários bens a outra pessoa, passando a denominar-se nu proprietário e, a outra pessoa, o usufrutuário.

O usufrutuário terá direito à posse, ao uso, à administração e à percepção dos frutos (tudo o que o imóvel der será do usufrutuário, os frutos naturais, as crias etc.). É um contrato pessoal, não podendo ser transferido o usufruto por alienação, mas seu exercício pode ser cedido (art. 1.393 do Código Civil de 2002).

O Código Civil em vigor não conceitua o instituto, já inicia as disposições gerais determinando o objeto desse instituto:

> **Art. 1.390.** O usufruto pode recair em um ou mais bens, móveis ou imóveis, em um patrimônio inteiro, ou parte deste, abrangendo-lhe, no todo ou em parte, os frutos e utilidades.

O artigo 1.391 determina que a constituição do usufruto se dá mediante registro no Cartório de Registro de Imóveis.

Pela leitura dos artigos sobre os direitos e deveres do usufrutuário, percebemos que este instituto é utilizado para bens que produzam algo, como fazenda de gado, granja, plantações etc.

> **Art. 1.394.** O usufrutuário tem direito à posse, uso, administração e percepção dos frutos.
>
> [...]
>
> **Art. 1.396.** Salvo direito adquirido por outrem, o usufrutuário faz seus os frutos naturais, pendentes ao começar o usufruto, sem encargo de pagar as despesas de produção.
>
> **Parágrafo único.** Os frutos naturais, pendentes ao tempo em que cessa o usufruto, pertencem ao dono, também sem compensação das despesas.
>
> **Art. 1.397.** As crias dos animais pertencem ao usufrutuário, deduzidas quantas bastem para inteirar as cabeças de gado existentes ao começar o usufruto.
>
> **Art. 1.398.** Os frutos civis, vencidos na data inicial do usufruto, pertencem ao proprietário, e ao usufrutuário os vencidos na data em que cessa o usufruto.
>
> **Art. 1.399.** O usufrutuário pode usufruir em pessoa, ou mediante arrendamento, o prédio, mas não mudar-lhe a destinação econômica, sem expressa autorização do proprietário.

Observe-se o artigo 1.400, pelo qual cabe ao usufrutuário a responsabilidade de inventariar tudo o que existe no imóvel e dar caução:

> **Art. 1.400.** O usufrutuário, antes de assumir o usufruto, inventariará, à sua custa, os bens que receber, determinando o estado em que se acham, e dará caução, fidejussória ou real, se lha exigir o dono, de velar-lhes pela conservação, e entregá-los findo o usufruto.
>
> **Parágrafo único.** Não é obrigado à caução o doador que se reservar o usufruto da coisa doada.
>
> **Art. 1.401.** O usufrutuário que não quiser ou não puder dar caução suficiente perderá o direito de administrar o usufruto; e, neste caso, os bens serão administrados pelo proprietário, que ficará obrigado, mediante caução, a entregar ao usufrutuário o rendimento deles, deduzidas as despesas de administração, entre as quais se incluirá a quantia fixada pelo juiz como remuneração do administrador.

O usufrutuário não é obrigado a pagar pelas deteriorações regulares do usufruto (art. 1.403):

> **Art. 1.403.** Incumbem ao usufrutuário:
>
> I – as despesas ordinárias de conservação dos bens no estado em que os recebeu;

> II – as prestações e os tributos devidos pela posse ou rendimento da coisa usufruída.

Por outro lado, ao dono do imóvel incumbem as reparações extraordinárias e as que não forem de custo módico (art. 1.404). O § 1º desse artigo definiu como não módicas as despesas superiores a dois terços do rendimento líquido anual do bem.

O artigo 1.410 informa os modos de extinção do usufruto:

> **Art. 1.410.** O usufruto extingue-se, cancelando-se o registro no Cartório de Registro de Imóveis:
>
> I – pela renúncia ou morte do usufrutuário;
>
> II – pelo termo de sua duração;
>
> III – pela extinção da pessoa jurídica, em favor de quem o usufruto foi constituído, ou, se ela perdurar, pelo decurso de trinta anos da data em que se começou a exercer;
>
> IV – pela cessação do motivo de que se origina;
>
> V – pela destruição da coisa, guardadas as disposições dos arts. 1.407, 1.408, 2ª parte, e 1.409;
>
> VI – pela consolidação;
>
> VII – por culpa do usufrutuário, quando aliena, deteriora, ou deixa arruinar os bens, não lhes acudindo

com os reparos de conservação, ou quando, no usufruto de títulos de crédito, não dá às importâncias recebidas a aplicação prevista no parágrafo único do art. 1.395;

VIII – Pelo não uso, ou não fruição, da coisa em que o usufruto recai.

Observe-se que o usufruto traz responsabilidades tanto para o usufrutuário como para o nu proprietário, e que, principalmente, suas características são de se transferir a posse a uma terceira pessoa para que essa continue a administração do imóvel e o faça continuar rendendo frutos.

Ante à utilização irrestrita desse instituto em imóveis urbanos, como mencionamos no início deste tema, há que se observar se na matrícula do imóvel há anotação de usufruto. Porque, se houver e você estiver fazendo negócio com o nu proprietário, você só adquirirá a nua propriedade; a posse continuará com o usufrutuário. E se for o usufrutuário quem estiver tentando vender o usufruto? Legalmente, isso não é permitido. O máximo que poderá fazer é ceder-lhe esse usufruto.

Para que um imóvel possa ser vendido e sua propriedade como um todo transferida a outrem, o usufrutuário deverá renunciar ao usufruto. Só assim o então proprietário poderá vendê-lo, e quem o comprar terá também a sua posse.

Assim, utilizar-se do usufruto para, por exemplo, continuar morando na casa após sua doação a outrem é, em verdade, onerar essa pessoa, que terá de manter esse imóvel sem poder dele se utilizar ou alugar.

3.2.4. O uso
(art. 1.225, V, e arts. 1.412 e 1.413 do Código Civil)

Santos (1953) conceituava o uso como um direito real, consistindo na detenção temporária da coisa de outrem para o efeito de tirar dela, para si e para sua família, todas as utilidades de que ela é suscetível. Afirmava o autor tratar-se de um usufruto restrito.

Como já vimos, o usufrutuário tem o domínio sobre os frutos advindos do bem, usufruindo deles da melhor forma que lhe convém; no direito de uso, o usuário somente pode utilizá-lo para si e sua família nos limites de suas necessidades, embora seja também um direito real (deve ser pactuado por escritura pública devidamente registrada no Cartório de Registro de Imóveis), é mais limitado, todavia ficam resguardados os direitos e os deveres do usufruto.

Pela leitura dos artigos 1.412 e 1.413 do Código Civil, tem-se melhor compreensão deste instituto:

> **Art. 1.412.** O usuário usará da coisa e perceberá os seus frutos, quanto o exigirem as necessidades suas e de sua família.

§ 1. Avaliar-se-ão as necessidades pessoais do usuário conforme a sua condição social e o lugar onde viver.

§ 2. As necessidades da família do usuário compreendem as de seu cônjuge, dos filhos solteiros e das pessoas de seu serviço doméstico.

Art. 1.413. São aplicáveis ao uso, no que não for contrário à sua natureza, as disposições relativas ao usufruto.

O uso pode ser constituído a título oneroso ou não, por tempo determinado ou não. E, por suas características, para imóveis (pois também pode ser instituído para bens móveis), percebe-se que sua utilização deve ser para aqueles imóveis que não sejam produtivos, como uma casa, por exemplo, uma chácara, na qual poderá a família plantar e tirar dali o seu sustento, mas o que exceder não poderá vender, pois é de propriedade do dono do imóvel. Também não poderá alugar ou sublocar, pois o resultado dessa transação (os frutos) é do proprietário do imóvel.

3.2.5. A habitação
(art. 1.225, VI, e arts. 1.414 a 1.416 do Código Civil)

A habitação é direito real de uso de uma casa, consistindo no direito de habitá-la gratuitamente. Diferentemente do uso, neste instituto, o habitante somente poderá habitar, ou seja, o imóvel não dá condições de outra coisa senão a habitação (no *uso* o imóvel pode ter uma horta ou um pomar, que não é o caso do imóvel em contrato de habitação). O Código Civil é expresso em seu artigo 1.414:

> **Art. 1.414.** Quando o uso consistir no direito de habitar gratuitamente casa alheia, o titular deste direito não a pode alugar, nem emprestar, mas simplesmente ocupá-la com sua família.

Esse direito é restrito à habitação, excluindo-se de modo expresso a faculdade de alugar o prédio. Assim, o habitante poderá somente morar e, se forem várias pessoas, não poderá cobrar aluguel dos demais. Também não poderá ceder para outra pessoa.

> **Art. 1.415.** Se o direito real de habitação for conferido a mais de uma pessoa, qualquer delas que sozinha habite a casa não terá de pagar aluguel à outra, ou às outras, mas não as pode inibir de exercerem, querendo, o direito, que também lhes compete, de habitá-la.

Por se tratar de um direito real, o contrato deverá ser levado ao Cartório de Registro de Imóveis para a respectiva averbação (art. 1.227 do Código Civil).

Portanto, se houver a necessidade de se deixar alguém morando em uma casa, deve-se fazer um contrato de habitação, estipulando as regras, o tempo e as pessoas que ali habitarão, e levá-lo a registro.

Não se trata de contrato oneroso (não pode o dono do imóvel querer uma contraprestação em dinheiro), mas o habitador deverá zelar pelo imóvel, fazendo-lhe reparos se necessários. Em caso de dúvida, servem as regras do usufruto que não forem contrárias a este instituto, nos termos do artigo 1.416 do Código Civil.

3.2.6. O direito do promitente comprador do imóvel
(art. 1.225, VII, e arts. 1.417 e 1.418 do Código Civil)

Introduzido pelo Código Civil de 2002 como Direito Real, o direito do promitente comprador do imóvel está protegido em nossa legislação pelo Decreto-Lei nº 58, de 10 de dezembro de 1937, que dispõe sobre o loteamento e a venda de terrenos para pagamento em prestações, regulamentado pelo Decreto nº 3.079, de 15 de setembro de 1938, e, posteriormente, pelo Decreto-Lei nº 271, de 28 de fevereiro de 1967, que dispôs sobre loteamento urbano, responsabilizando o loteador pela concessão de uso.

Retornando ao momento histórico mundial de 1930, quando o mundo se recuperava da quinta-feira negra de 24 de outubro de 1929, dia em que a Bolsa de Valores de Nova York quebrou e com ela levou à bancarrota milhares de pessoas, aqui no Brasil, aqueles que tinham propriedades, para conseguir algum giro de dinheiro, passaram a lotear suas terras e vendê-las com pagamento em prestações.

O Código Civil da época (1916), relativamente a contrato, determinava em seu artigo 1.088 que, quando o instrumento público fosse exigido como prova do contrato, qualquer das partes poderia se arrepender antes de assiná-lo, ressarcindo à outra as perdas e os danos resultantes do arrependimento.

Ora, com essa nova prática de venda parcelada de terras, muitas vezes o vendedor, utilizando-se desse artifício, praticamente simulava as vendas, usava e trabalhava com o dinheiro e depois se "arrependia", retornando para si a posse da propriedade, muitas vezes já tratada e melhorada pelo compromissário comprador. Ou poderia vender o mesmo lote para várias pessoas, uma vez que era um contrato informal, que não se levava a registro, ou seja, não constava em lugar algum que o imóvel estava em negociação.

Os legisladores, no final do ano de 1937, baseando-se nas justificativas apresentadas a seguir, editaram e publicaram o Decreto-Lei nº 58, passando-se, assim, a dar responsabilidades para o loteador:

> **Decreto-Lei nº 58, de 10 de dezembro de 1937**
> [...]
> Considerando o crescente desenvolvimento da loteação de terrenos para venda mediante o pagamento do preço em prestações;
> Considerando que as transações assim realizadas não transferem o domínio ao comprador, uma vez que

o art. 1.088 do Código Civil permite a qualquer das partes arrepender-se antes de assinada a escritura da compra e venda;

Considerando que esse dispositivo deixa praticamente sem amparo numerosos compradores de lotes, que têm assim por exclusiva garantia a seriedade, a boa-fé e a solvabilidade das empresas vendedoras;

Considerando que, para segurança das transações realizadas mediante contrato de compromisso de compra e venda de lotes, cumpre acautelar o compromissário contra futuras alienações ou onerações dos lotes comprometidos;

Considerando ainda que a loteação e venda de terrenos urbanos e rurais se opera frequentemente sem que aos compradores seja possível a verificação dos títulos de propriedade dos vendedores;

[...]

Trinta anos depois, o Decreto-Lei nº 271, de 28 de fevereiro de 1967, veio dispor especificamente sobre o loteamento urbano.

Na atualidade, persiste a prática de fazer loteamentos, vender parceladamente, com contratos que duram até vinte anos ou mais, formalizados entre a empresa loteadora e particulares, geralmente pessoas simples e desconhecedoras de seus direitos e obrigações, e ao final é que se formaliza a escritura de venda e compra e o respectivo registro.

Mesmo com a legislação, essa negociação ficava somente no âmbito do direito obrigacional entre as partes.

O Código Civil de 2002 incluiu o direito do promitente comprador no rol dos Direitos Reais, ou seja, o contrato de compromisso de venda e compra que não tenha cláusula de arrependimento (art. 1.417) deve ser registrado (art. 1.227) e, assim, terá o promitente comprador, agora titular de direito real de propriedade, o poder de exigir do promitente vendedor ou de quem detenha esses direitos (pois em vinte anos muita coisa pode acontecer, inclusive o falecimento do promitente vendedor e comprador) a lavratura da escritura e, se recusada, pode requerer em juízo sua adjudicação (art. 1.418).

> **Art. 1.417.** Mediante promessa de compra e venda, em que se não pactuou arrependimento, celebrada por instrumento público ou particular, e registrada no Cartório de Registro de Imóveis, adquire o promitente comprador direito real à aquisição do imóvel.
>
> **Art. 1.418.** O promitente comprador, titular de direito real, pode exigir do promitente vendedor, ou de terceiros, a quem os direitos deste forem cedidos, a outorga da escritura definitiva de compra e venda, conforme o disposto no instrumento preliminar; e, se houver recusa, requerer ao juiz a adjudicação do imóvel.

Isso é um avanço na consolidação do direito real de propriedade para inúmeros promitentes compradores de loteamentos espalhados pelo país. Até 2002, aqueles que possuíam um contrato, para garantirem seu direito à escritura, no caso do não cumprimento por parte do promitente vendedor, teriam de provar seu negócio junto ao juízo com uma ação de conhecimento mais complexa. Agora, comprovando os pagamentos e com o contrato, já podem, de imediato, requerer ao juiz sua adjudicação. Ao invés de fazer a escritura de venda e compra com o vendedor, o juiz determina que seja registrado que a propriedade foi transferida para o promitente comprador, pois o mesmo cumpriu com suas obrigações contratuais, passando para ele todos os direitos de domínio e posse sobre o imóvel.

Vale aqui, então, um alerta quando da aquisição de um terreno ou propriedade: verificar se não se trata de um lote de loteamento. Essa informação consta da matrícula do imóvel, pois, para se fazer loteamentos, é necessário desmembrar o terreno em vários menores, informando à prefeitura e, consequentemente, abrindo novas matrículas, nas quais consta tal fato, e verificar se a venda desse lote foi efetivamente concluída com o registro do novo proprietário.

Ao fazer negócio com o promitente comprador, verificar também antes, junto à empresa loteadora, se tudo está em ordem, se há débitos pendentes e sobre a formalização da escritura de venda e compra.

3.2.7. O penhor, a hipoteca e a anticrese
(art. 1.225, VIII, IX e X, e arts. 1.419 a 1.510 do Código Civil)

Estes três institutos são DIREITOS REAIS DE GARANTIA. Diferentemente dos outros tipos de direitos reais, nestes, a pessoa que possui um bem livre o dá em garantia por uma dívida.

Uma característica é a de que todos os bens de um devedor podem se constituir garantia comum aos seus credores. Essas garantias foram elencadas no rol do DIREITO REAL para oferecer incontestavelmente aos credores meios mais eficazes e seguros para serem pagos integralmente os seus créditos.

O Código Civil, em seus artigos 1.419 a 1430, assim dispõe para os três institutos indistintamente. Pela leitura desses artigos, observa-se que o bem dado em garantia, na verdade, não garante toda a dívida, mas até o seu valor; se a dívida for maior, o devedor continuará devendo o que o bem não cobrir.

Portanto, embora seja um direito real sobre o bem, é uma garantia (dá-se o bem em garantia) para uma dívida de outro negócio, e não uma transação com o próprio bem. Ou seja, esse bem dado em garantia pode ser consumido e mesmo assim o devedor continuar devendo. Por esse detalhe é que mais de um bem pode ficar constrito para garantir a dívida.

> **Art. 1.419.** Nas dívidas garantidas por penhor, anticrese ou hipoteca, o bem dado em garantia fica sujeito, por vínculo real, ao cumprimento da obrigação.

Então, se o devedor não pagar a dívida, pode o credor vender o bem dado em garantia para receber seu crédito.

Art. 1.420. Só aquele que pode alienar poderá empenhar, hipotecar ou dar em anticrese; só os bens que se podem alienar poderão ser dados em penhor, anticrese ou hipoteca.

Neste artigo, o Código Civil determina quem e quais bens podem constituir objeto dos direitos reais de garantia. Ou seja, só posso dar em garantia uma coisa que é minha e que possa ser vendida. De outra forma, o credor não poderia vender o bem para ter seu crédito recebido.

§ 1. A propriedade superveniente torna eficaz, desde o registro, as garantias reais estabelecidas por quem não era dono.

Muito embora tenha de ser dono de um bem livre para venda, a pessoa pode dar em garantia um bem que ainda não é seu, mas o será em breve, como por herança: o inventário já tem a partilha apresentada em juízo, faltando sua homologação e registro. Assim que registrar, valerá como garantia real. Essa é uma exceção à regra do *caput* do artigo.

§ 2. A coisa comum a dois ou mais proprietários não pode ser dada em garantia real, na sua totalidade, sem o consentimento de todos; mas cada um pode individualmente dar em garantia real a parte que tiver.

Em outras palavras, se você tiver um terço de um imóvel, por exemplo, pode dá-lo em garantia sem comunicar os coproprietários; caso os dois ou um deles aceitem expressamente, o imóvel todo, ou também a parte do que aceitou, pode ser dado em garantia. Como é direito real, deverá ser registrado, e constará na matrícula a garantia na porcentagem do imóvel pertencente ao devedor.

Vale aqui o registro de que o Código Civil de 1916, no seu artigo 757, limitava essa possibilidade à coisa passível de divisão. Ao tirar essa observação, entende-se, pela leitura do § 2º do artigo 1.420 do atual Código, que até mesmo de bem indivisível pode-se dar garantia parcial.

Vale também saber que, juridicamente, ou seja, para o Direito, é o Código Civil quem define, em seu artigo 87, o que é um bem divisível:

> **Art. 87.** Bens divisíveis são os que se podem fracionar sem alteração na sua substância, diminuição considerável de valor, ou prejuízo do uso a que se destinam.

Fácil compreender que uma casa, por exemplo, é um bem indivisível. Quando mais de uma pessoa é dono de uma casa, não dá para dizer que um quarto é de um e o outro é de outro. São condôminos de tudo, pois não dá para retirar a cozinha e o restante da casa ficar inteiro.

Art. 1.421. O pagamento de uma ou mais prestações da dívida não importa exoneração correspondente da garantia, ainda que esta compreenda vários bens, salvo disposição expressa no título ou na quitação.

Se o devedor colocou vários bens como garantia da dívida, o pagamento das prestações, a cada mês, não vai "liberando" os bens desses valores, a menos que se coloque isso no contrato. Isso para respeitar os termos do artigo 1.419, e porque os bens dados em garantia passam a ser considerados indivisíveis.

Art. 1.422. O credor hipotecário e o pignoratício têm o direito de excutir a coisa hipotecada ou empenhada, e preferir, no pagamento, a outros credores, observada, quanto à hipoteca, a prioridade no registro.

Caso o devedor não pague a dívida, pode o credor da hipoteca e da penhora vender os bens dados em garantia em juízo. No caso da penhora, quem vender o bem terá preferência no recebimento do valor para quitar seu crédito; o que sobrar (se sobrar) vai para os demais credores. Exceção para a hipoteca: a preferência de recebimento é para quem primeiro registrou a hipoteca, não importando quem esteja na posse do bem.

> **Parágrafo único.** Excetuam-se da regra estabelecida neste artigo as dívidas que, em virtude de outras leis, devam ser pagas precipuamente a quaisquer outros créditos.

Outra exceção a tudo isso é se existirem créditos preferenciais, ou seja, créditos que a lei determine que devam ser quitados antes de quaisquer outros, como dívidas com a Receita Federal, trabalhista, e assim por diante.

> **Art. 1.423.** O credor anticrético tem direito a reter em seu poder o bem, enquanto a dívida não for paga; extingue-se esse direito decorridos quinze anos da data de sua constituição.

A característica, a essência, da anticrese é o direito de retenção que o credor tem do bem do devedor, a fim de auferir seus frutos e rendimentos ou mesmo usufruir do imóvel em troca do pagamento da dívida. O artigo 1.423 é claro ao expressar que em quinze anos esse direito acaba. Ou seja, o máximo que um credor poderá ficar com o bem do devedor para receber seu crédito é por quinze anos.

Os artigos 1.424 a 1.430 e seguintes tratam dos três institutos concomitantemente: o artigo 1.424 determina os requisitos mínimos que devem conter os contratos de penhor, anticrese ou hipoteca; o artigo 1.425 elenca as formas como a dívida se considera vencida antecipadamente; e o artigo 1.426 esclarece que, nesse caso, os juros do tempo não decorrido não podem ser contados; o artigo 1.427 assegura ao terceiro que presta garantia real por dívida alheia não ter o dever de substituir ou reforçar, quando, sem sua culpa, se perca ou deteriore ou desvalorize o bem, se isso não estiver previsto em cláusula contratual; o artigo 1.428 considera nula a cláusula que autoriza o credor a ficar com o objeto da garantia se a dívida não for paga. Mas pode o devedor dar a coisa em pagamento da dívida; o artigo 1.429 determina que os sucessores do devedor não podem pagar parcialmente a dívida na proporção de seus quinhões (a parte que cada um receber de herança), mas poderão fazê-lo no todo, todos juntos; e, finalmente, esclarece o artigo 1.430 que, quando em juízo, o produto da venda do penhor ou da execução da hipoteca não bastar para o pagamento da dívida e das despesas judiciais, o devedor continuará obrigado pessoalmente pelo restante da dívida.

3.2.7.1. O penhor

Penhor é um termo muito usado. Quem não conhece a expressão "vou penhorar minhas joias na CAIXA"?

Resumidamente, o penhor é o ato de transferir a posse de coisa móvel para outra pessoa, como forma de garantir o pagamento de sua dívida para com essa pessoa. Até o pagamento total de sua obrigação, o credor fica com o bem. E, se o devedor não cumprir com sua obrigação, o credor poderá vender esse bem.

Então, quando deixamos nossas joias com a CAIXA em troca de dinheiro, estamos garantindo para o banco que iremos devolver o valor que recebemos – claro, sob as condições do contrato que assinamos – para obter de volta as joias. Regrado pelos artigos 1.431 e 1472 do Código Civil.

Pela leitura do artigo 1.431, observamos que o penhor só pode ocorrer em se tratando de bens móveis:

> **Art. 1.431.** Constitui-se o penhor pela transferência efetiva da posse que, em garantia do débito ao credor ou a quem o represente, faz o devedor, ou alguém por ele, de uma coisa móvel, suscetível de alienação.

Esse mesmo artigo, em seu parágrafo único, prevê o penhor rural, industrial, mercantil e de veículos, cujas coisas empenhadas continuarão em poder do devedor, que ficará com a responsabilidade de guardá-las e conservá-las.

> **Parágrafo único.** No penhor rural, industrial, mercantil e de veículos, as coisas empenhadas continuam em poder do devedor, que as deve guardar e conservar.

Os artigos 1.442 e 1.443 regram sobre o penhor rural (agrícola); os artigos 1.447 a 1.450, sobre o penhor industrial e mercantil; e os artigos 1.461 a 1.466, sobre o penhor de veículos.

O Código Civil também prevê a possibilidade do penhor pecuário (arts. 1.444 a 1.446); de direitos sobre coisas móveis e títulos de crédito (arts. 1.451 a 1.460); e do penhor legal (arts. 1.467 a 1.472).

Nesses tipos de penhor, segue-se o que determinou o *caput* do artigo 1.421: a coisa fica com o credor.

Somente a título de curiosidade, o penhor legal é o que a lei assim o considera. E é o artigo 1.467 quem o determina:

> **Art. 1.467.** São credores pignoratícios, independentemente de convenção:
>
> I – os hospedeiros, ou fornecedores de pousada ou alimento, sobre as bagagens, móveis, joias ou dinheiro que os seus consumidores ou fregueses tiverem consigo nas respectivas casas ou estabelecimentos, pelas despesas ou consumo que aí tiverem feito;
>
> II – o dono do prédio rústico ou urbano, sobre os bens móveis que o rendeiro ou inquilino tiver guarnecendo o mesmo prédio, pelos aluguéis ou rendas.

Portanto é juridicamente legal que o hotel, por exemplo, segure bens do cliente que não pagou a conta. Inclusive o artigo 1.469 permite que o credor pegue em garantia objetos que cubram o valor da dívida e depois (claro que imediatamente) requeira a homologação judicial.

O artigo 1.432 determina que o contrato deve ser levado a registro:

> **Art. 1.432.** O instrumento do penhor deverá ser levado a registro, por qualquer dos contratantes; o do penhor comum será registrado no Cartório de Títulos e Documentos.

Agora sabemos que não podemos penhorar imóveis.

3.2.7.2. A hipoteca

A hipoteca é regulamentada pelo Código Civil em seus artigos 1.473 a 1.505. Podem ser objeto de hipoteca: imóveis, domínio direto, domínio útil, estradas de ferro, recursos naturais, navios, aeronaves, direito de uso especial para fins de moradia, direito real de uso e propriedade superficiária (art. 1.473).

É um direito real de garantia concedido ao credor, por exemplo, sobre um imóvel, de lhe ser pago pelo valor desse bem, e a hipoteca dá um direito de preferência desse credor dentre outros com relação a esse imóvel.

Portanto serve para garantir uma obrigação da pessoa para com o credor, e confere a esse credor hipotecário o direito de receber antes de outros credores. É um duplo direito: o de preferência – vende-se judicialmente a coisa dada em garantia para, sobre o preço conseguido nessa venda, ser pago o que é devido ao credor hipotecário antes de qualquer outro credor; e o chamado direito de sequela – o poder que o credor tem de procurar e perseguir a coisa onde quer que se encontre ou em poder de quem quer que esteja, penhorando-a. Vale lembrar que somente terá efeito se devidamente registrada na matrícula do imóvel.

3.2.7.3. A anticrese

Anticrese é o direito real de perceber os frutos em desconto da dívida. Por meio do contrato de anticrese, o devedor, ou outra pessoa em nome do devedor, entrega ao credor um imóvel, cedendo-lhe o direito de perceber os frutos e os rendimentos desse imóvel em compensação da dívida.

Regulamentada como garantia real pelo Código Civil em seus artigos 1.506 a 1.510, não se pode confundi-la com o *penhor* (porque este tem como objeto bem móvel, enquanto a anticrese tem por objeto bem imóvel), nem com a *hipoteca* (porque na hipoteca o imóvel não passa para a posse do credor, e aqui na anticrese dá-se a posse do imóvel ao credor, a fim de que ele, percebendo os frutos e os rendimentos deste, vá abatendo da dívida).

Também se distingue do usufruto, muito embora em ambos os institutos ocorra uma cessão de frutos pelo devedor ao credor, há que se observar que:

- ▸ o usufruto pode ser estabelecido por lei e pela vontade das partes, enquanto a anticrese só pode resultar do acordo entre as partes;
- ▸ no usufruto quem fica de posse do imóvel, o usufrutuário, é obrigado a dar caução, e na anticrese o credor é dispensado de prestá-la;

- o usufruto se extingue com a morte do usufrutuário, o que não ocorre na anticrese, em que a morte do credor não faz extinguir seu direito;
- o usufruto não pode ser cedido, enquanto a anticrese o pode.

3.2.8. A concessão de uso especial para fins de moradia
(art. 1.225, XI, do Código Civil)

A concessão de uso especial para fins de moradia (CUEM), prevista na Constituição de 1988, em seu artigo 183, § 1º, e regulamentada pela Medida Provisória nº 2.220, de 4 de setembro de 2001, em resumo simplificado, refere-se à possibilidade discricionária do Estado, em qualquer das suas três esferas (Federal, Estadual ou Municipal), de conceder o uso especial para fins de moradia para a pessoa que, até 22 de dezembro de 2016, possuísse como seu, por cinco anos, ininterruptamente e sem oposição, até duzentos e cinquenta metros quadrados de imóvel público situado em área com características e finalidade urbanas.

A concessão de uso é gratuita, formalizada administrativamente pelo órgão público por meio de contrato, e a pessoa só pode ser reconhecida como concessionária uma única vez, sendo que o herdeiro legítimo continua, de pleno direito, na posse de seu antecessor desde que resida no imóvel por ocasião da abertura da sucessão.

É um direito de uso personalíssimo e finito, pois a previsão de concessão mediante a posse por 5 anos de uso ininterruptos terminou no dia 22 de dezembro de 2016. Observando-se, ainda, que cabe às respectivas administrações (a quem pertence o imóvel: Federal, Estadual ou Municipal) legislarem sobre como efetivar tais concessões. E que esses imóveis não podem ser comercializados pelo concessionário, pois pertencem à administração pública.

3.2.9. A concessão de direito real de uso
(art. 1.225, XII, e arts. 1.419 a 1.510 do Código Civil)

A concessão de direito real de uso (CDRU) foi instituída pelo Decreto nº 271, de 28 de fevereiro de 1967 (já falamos dele quando tratamos do tema "direito do promitente comprador"), em seu artigo 7º, e, com regulamentações posteriores, acrescida ao artigo 1.225, inciso XII, do Código Civil, como direito real, pela Lei nº 11.481, de 31 de maio de 2007, que, além de alterar diversas leis, apontou medidas voltadas à regularização fundiária de interesse social em imóveis da União.

Trata-se de um contrato que a Administração Pública faz com uma pessoa (física ou jurídica) dando posse de um terreno para que essa pessoa faça determinada coisa predeterminada. Pode ser gratuita (sem pagar nada) ou onerosa (pagando algo). A intenção é dar função social ao bem com finalidade específica. Por exemplo: cessão de terreno para construção de uma fábrica, muito comum nos distritos industriais. Diferentemente da cessão de uso especial para fins de moradia, a cessão de direito real de uso pode ser transferida para outra pessoa, desde que a entidade pública que a cedeu tenha conhecimento, exceto se o contrato de concessão não permitir.

3.2.10. Da laje
(art. 1.225, XIII, e arts. 1.510-A a 1.510-E do Código Civil)

Com o objetivo de regulamentar o que atualmente já existe em grandes centros urbanos (ver Imagem 5), o direito de laje foi introduzido em nosso Direito Civil pela Lei nº 13.465, de 11 de julho de 2017, que incluiu os artigos 1.510-A a 1.510-E no Código Civil, além do inciso XIII do artigo 1.225, caracterizando-o como direito real.

É um tipo novo de direito real, inexistente até 2017, que se refere à utilização do espaço aéreo ou do subsolo de um imóvel. Não é uma propriedade plena sobre o imóvel, portanto é um direito real limitado.

A propriedade plena vem definida no artigo 1.229 do Código Civil:

> **Art. 1.229.** A propriedade do solo abrange a do espaço aéreo e subsolo correspondentes, em altura e profundidade úteis ao seu exercício, não podendo o proprietário opor-se a atividades que sejam realizadas, por terceiros, a uma altura ou profundidade tais, que não tenha ele interesse legítimo em impedi-las.

Sob a tutela do direito real de laje, o proprietário pode vender seu espaço aéreo ou subsolo.

Pela leitura do artigo 1.510-A, podemos observar que o titular da laje (quem está comprando o espaço) só terá direito sobre o que efetivamente construir sobre ou sob o imóvel original (§ 1º). Essa construção será constituída uma unidade imobiliária autônoma, com matrícula própria (§ 3º), e, claro, seu titular ficará responsável pelos tributos que incidirem sobre sua propriedade (§ 2º).

O § 4º desse artigo deixa claro que a instituição do direito de laje não dá direito à fração ideal do terreno ou participação proporcional em áreas já edificadas, como ocorre no condomínio edilício.

Imagem 5 – Paredão em Carapicuíba. (*Veja SP*, 2019.)

Portanto, o direito de laje dá ao comprador o espaço sobre ou sob um imóvel a ele destinado, devidamente demarcado, para seu uso (§ 3º), ou seja, do qual poderá usar, gozar e dispor. Em outras palavras, ele compra o espaço, constrói ali, pode alugar e pode vender, como também pode usar (observando-se ainda que, ao se levar a registro a escritura da laje, o cartorário deverá abrir nova matrícula – teremos, então, matrículas distintas, como se individualizado fosse o espaço adquirido).

Vale aqui uma observação pertinente: há que se verificar a estrutura do imóvel originário. Pois se foi construído com base para um único andar (térreo), por exemplo, a construção de algo sobre a laje poderá afetar sua estrutura.

E aqui surge também uma pergunta: se esse direito não é um condomínio (que determina que as unidades autônomas tenham acesso para a rua, assim como nos prédios, shoppings, com seus portais de entrada, guaritas etc.), onde fica a entrada da laje? O proprietário do imóvel pode vender o direito de usar o espaço aéreo ou o subsolo. Mas e o acesso à rua? Não poderá ser por dentro do imóvel originário, claro. Então a forma de acesso deverá estar muito bem esclarecida e determinada na escritura de venda.

Outra questão é: qual é o espaço aéreo? Considera-se aéreo tudo o que não está no chão, então a escritura deve conter o espaço aéreo a partir de determinada quantidade de metros de altura, senão o detentor do direito de laje poderá fazer uma construção sobre o imóvel e avançar, por exemplo, para o quintal e baixar sua construção até uns 50 cm de altura do chão, obstruindo parte do imóvel originário.

Portanto, a escritura deve conter, em detalhes, a partir de que altura está sendo considerado o espaço aéreo, assim como suas delimitações e sua localização dentro do terreno, além de outros acordos que devem ser firmados entre as partes.

Pela leitura do § 6º deste artigo, subentende-se que se vende todo o espaço aéreo, pois o titular da laje pode ceder a superfície da sua construção para a instituição de um sucessivo direito real de laje (para outra pessoa construir sobre sua laje), desde que os donos da construção de base e demais lajes (se já houverem) autorizem por escrito, e que sejam respeitadas as posturas edilícias e urbanísticas do município.

Também há que se observar as determinações da prefeitura quanto às construções naquela região (se podem ter vários andares ou não). Neste detalhe, o § 5º do artigo 1.510-A determina que os Municípios e o Distrito Federal poderão regulamentar sobre posturas edilícias e urbanísticas associadas ao direito real de laje.

O artigo seguinte, 1.510-B, cuida do aspecto visual da obra. Proíbe o titular da laje de prejudicar, com obras novas ou com falta de reparação à segurança, a linha arquitetônica ou o arranjo estético do edifício, sempre observando o que a legislação municipal ali permite. Ou seja, ele não poderá fazer um "segundo andar" totalmente diferente do primeiro (que até seria interessante e ficaria diferenciado, mas é proibido por este artigo); ao contrário, deverá seguir as linhas existentes no andar de baixo e mantê-las com reparações, visando à segurança de todos. E assim sucessivamente.

O artigo 1.510-C trata das despesas comuns necessárias à conservação e à fruição das partes que sirvam a todo o edifício e ao pagamento de serviços de interesse comum. Essas despesas serão sempre partilhadas entre o proprietário da construção de base e o titular da laje, na proporção que venha a ser estipulada em contrato. Então, quando da lavratura da escritura, é importante acrescentar cláusula sobre a proporcionalidade dessas despesas.

Que despesas seriam essas? O § 1º do artigo 1.510-C é expresso:

> Art. 1.510-C. [...]
> § 1º. São partes que servem a todo o edifício:
> I – os alicerces, colunas, pilares, paredes-mestras e todas as partes restantes que constituam a estrutura do prédio;
> II – o telhado ou os terraços de cobertura, ainda que destinados ao uso exclusivo do titular da laje;
> III – as instalações gerais de água, esgoto, eletricidade, aquecimento, ar-condicionado, gás, comunicações e semelhantes que sirvam a todo o edifício; e
> IV – em geral, as coisas que sejam afetadas ao uso de todo o edifício.
> [...]

Compreende-se, por conseguinte, que, mesmo não se tratando de um condomínio, cada qual "cuida do seu pedaço"; quando se tratar de despesas referentes à estrutura do prédio, o detentor da laje tem de colaborar, assim como as instalações que venham a servir o prédio todo; e, por outro lado, o proprietário originário deverá contribuir com as despesas advindas de manutenção de telhado ou de terraços de cobertura, mesmo de uso exclusivo do titular da laje.

Quanto a estes detalhes, indagamos: e se o proprietário originário, quando da venda do direito de laje para um terceiro, já estava com problemas estruturais em seu imóvel? Por outro lado, e se o detentor da laje fizer um telhado ou de terraço precários, que logo comecem a apresentar problemas? Mais detalhes a serem observados e incluídos na escritura de laje.

O artigo 1.510-D cuida do direito de preferência em caso de venda de qualquer das unidades sobrepostas. Terão direito de preferência em igualdade com terceiros os titulares da construção de base e da laje, nessa ordem. Deverão ser cientificados por escrito e responder em trinta dias, salvo se já houver disposição diferente no contrato de compra da laje.

Caso não se dê conhecimento da venda, o proprietário da construção de base ou da laje poderá, depositando em juízo o preço da negociação, haver para si a parte alienada a terceiros, se fizer isso no prazo de 180 dias contado da data da venda.

Se houver mais de uma laje, a preferência será, sucessivamente, do titular das lajes ascendentes e do das lajes descentes, com prioridade para a laje mais próxima à unidade sobreposta a ser alienada.

Finalmente o Código, em seu artigo 1.510-E, prevê a extinção do direito real de laje quando a construção de base for levada à ruína; independentemente do direito a eventual reparação civil contra o culpado pela ruína. E apresenta, no entanto, duas exceções: não se extingue o direito de laje se foi instituído sobre o subsolo. Mesmo ruindo a construção de base, o direito de laje continua no subsolo; e se no prazo de cinco anos não foi reconstruída a construção de base, também se mantém o direito de laje acima dela. Ruindo a construção de base e permanecendo a laje, o direito de laje se extingue somente se o proprietário da base imediatamente providenciar sua reconstrução. Mas se nada fizer e se passarem cinco anos, o direito de laje permanece. Um outro tópico para ser muito bem acordado na escritura de laje.

Notória a necessidade de uma regulamentação específica para o direito de laje. Não se deve cogitar esse direito real como autônomo, pois a laje, muito embora "ganhe" uma matrícula individualizada, é dependente do imóvel de base e sempre o será.

Não importam as denominações que se deem ao tema (direito de superfície por sobrelevação ou subelevação), o fato é que não se confunde com o direito de superfície, tampouco se trata do instituto do condomínio, e deve ser olhado com mais tecnicidade pelos legisladores.

Muito embora se averbe na matrícula original o contrato de laje e se abra uma nova matrícula (permitindo-se, assim, a individualização tributária, sendo mais simples a cobrança do IPTU, a ligação de água, de energia elétrica, de gás etc.), ela pode ser extinta se o imóvel que a sustenta ruir, o que encerraria a nova matrícula. Esse encerramento se daria simplesmente pela constatação e informação ao Cartório de Registro de Imóveis ou seria necessário um instrumento público? Quem será o responsável por pagar os emolumentos desse desfazimento?

O artigo 1.510-A é claro ao dizer que se constitui a laje cedendo a parte superior ou inferior do imóvel originariamente construído. Ou seja, se o proprietário construir um segundo andar, mesmo que independente, ao cedê-lo a um terceiro, não constituirá o direito de laje, não podendo, por conseguinte, vender esse segundo andar, mas tão somente cedê-lo ou alugá-lo. A matrícula nova somente será criada para a superfície acima ou abaixo do imóvel originário, e após a construção deverá se fazer a averbação dela na nova matrícula.

A previsão de divisão de despesas necessárias à conservação e à fruição das partes que sirvam a todo o edifício e ao pagamento de serviços de interesse comum serão partilhadas entre o proprietário da construção de base e o titular da laje na proporção que venha a ser estipulada em contrato (art. 1.510-C). Mesmo estando claro que sejam sobre alicerces, colunas, pilares, paredes-mestras e todas as partes restantes que constituam a estrutura do prédio, o telhado ou os terraços de cobertura, instalações gerais de água, esgoto, eletricidade, aquecimento, ar-condicionado, gás, comunicações e semelhantes, que sirvam a todo o edifício, as coisas que sejam afetadas ao uso de todo o edifício, ainda que se observe que se pode utilizar, no que couber, as normas aplicáveis aos condomínios edilícios, há a necessidade de se prever todas essas despesas e fazer constá-las na escritura.

Um exemplo corriqueiro que se pode dar é: entupimento de esgoto. Há aqueles que jogam de tudo no vaso e nos ralos, o que pode causar entupimento. Quem pagará a despesa? Será dividida por todos? Quem deu causa não deveria pagar sozinho?

E mesmo que se tente amarrar e especificar nos mínimos detalhes tudo o que possa acontecer após a construção da laje, há que se lembrar que o direito de laje é um subsistema do sistema do imóvel originário. As três leis básicas: pertencimento, hierarquia e dar e receber, neste tipo de direito real, além de terem de conviver individualmente, certamente causarão interferência no outro sistema.

Poderíamos representá-los da seguinte forma:

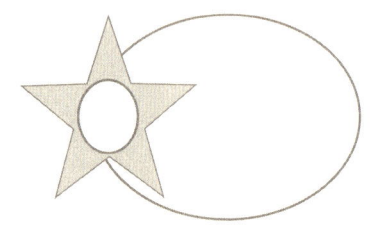

Ao adquirir o direito de laje e se formalizar a nova matrícula, externaliza-se uma tentativa de exclusão da lei do pertencimento ao imóvel de base. Porém a laje estará eternamente dependente do imóvel de base, que garante sua sustentação.

O detentor da laje pode vender o direito de sua laje para uma terceira pessoa, quando, então, será formado um novo subsistema, igualmente dependente do sistema do imóvel originário.

Relativamente à lei da ordem, esta também é quebrada quando permite ao detentor do direito de laje vender a nova laje como se fosse sua para uma outra pessoa ("como se fosse sua" porque a manutenção do teto da laje pertence a todos os envolvidos). Se o proprietário originário tomou todas as cautelas para formalizar um acordo com o adquirente da laje, será que este fará o mesmo com o próximo e assim sucessivamente? Lembrando que toda e qualquer movimentação para cima ou para baixo interferirá diretamente no imóvel de base e sempre dele será dependente. Cabe ressaltar que a harmonia depende da obediência à precedência: quem já está deve ser honrado.

Ao refletirmos sobre a lei do equilíbrio (dar e receber), pode o adquirente da laje pactuar o valor que entender de direito com o novo adquirente, e em nada deverá ao proprietário do imóvel originário que estará suportando as lajes. Um evidente descumprimento a esta lei do dar e receber, muito embora legalizado.

Finalmente, podemos ainda refletir sobre a existência de uma outra lei nesse imbróglio de sistemas: a lei do respeito. Se pensarmos que dentro desses sistemas de propriedade limitada estarão instalados os sistemas das famílias que ali residirem, leis internas de convivência serão constituídas, informal ou formalmente.

3.2.11. A enfiteuse

Pontes de Miranda (1957a) nos ensina que "a enfiteuse é o direito real limitado mais extenso que já se concebeu". Por isso, na atualidade, causa estranheza para muitos.

A enfiteuse é diferente do domínio, porque depende de prestações anuais do enfiteuta ao senhorio. Contudo pode ser usada sem as limitações que se impõem ao usufruto, ao uso e à habitação.

Neste instituto, temos o uso, a fruição, a alienabilidade do direito (pode ser vendido), a transmissibilidade aos herdeiros quando do falecimento, indo além do usufruto, do uso e da habitação, pois esses institutos se extinguem com a morte.

Portanto, trata-se de um direito real limitado, mas muito extenso, quase ilimitado.

Conta Pontes de Miranda (1957a) que a instituição da enfiteuse se deu em Roma quando "o Estado e os Municípios arrendavam a particulares terrenos rústicos, às mais das vezes incultos, a fim de que se cultivassem. O arrendamento ou era perpétuo ou por longo tempo, acima, de regra, da vida humana", e a existência da prestação do *ager vectigalis*[8], um cânon (uma obrigação) anual.

Dessa forma, mesmo não sendo donos, parecia que eram, pois o contrato perdurava mais que uma vida, dando-se continuidade por seus herdeiros.

Na antiga Roma, conforme Pontes de Miranda (1957a), o proprietário da terra continuava sendo o arrendante, como em todos os outros arrendamentos, com a diferença de

---
8. *Ager vectigalis*: é um imposto cobrado pela ocupação da terra.

que, enquanto o arrendamento vulgar somente gerava a ação pessoal de locação a favor do arrendatário para obter a entrega da coisa arrendada, a ação do arrendatário do *ager vectigalis* era real: o pretor lhe conferia a ação real de restituição de coisa contra qualquer terceiro que a detivesse, incluído o arrendante.

A enfiteuse *ius perpetuum*[9] cresceu de importância e passou também a ser sobre grandes extensões territoriais na época imperial da Antiga Roma.

Naquela época existia a *emphyteusis*, outra instituição, que se constituía por certo tempo, permitindo, ao termo, a elevação do cânon ou a despedida do enfiteuta.

Somente no século IV e no direito justinianeu se instituiu uma única e perpétua enfiteuse, com a possibilidade de se extinguir ou por falta de pagamento do cânon ou por não ter o enfiteuta pago os impostos estatais. Ao arrendatário não era permitido retomar o imóvel por usucapião.

Tem-se notícia, no Direito português, da enfiteuse no século X sob a denominação "encomunhas" ou "incomunhas". Ela foi trazida para o Brasil, pois, em um país de grandes proporções, nada como oferecer as terras rurais sem cultivo aos colonos, uma vez que todas as terras eram da Coroa portuguesa. Um modo de desenvolvimento sem muito onerar quem aqui estivesse. Ou seja, a enfiteuse foi utilizada para o interesse da própria Coroa, que colocava pessoas para desenvolver a terra e continuava a receber por isso. Isso se estendeu para os particulares, como a Igreja e outras pessoas que detinham grandes áreas de terras.

---

9. *Ius perpetuum*: uso perpétuo.

3.2.11.1. A enfiteuse civil no Brasil
(arts. 678 a 694 do Código Civil de 1916)

O Código Civil de 1916 regulamentou a enfiteuse e a subenfiteuse civis no Brasil, ou seja, entre particulares. O Código trouxe três expressões para o mesmo instituto: enfiteuse, aforamento ou emprazamento. Originariamente são institutos distintos, mas o Código Civil de 1916 os igualou e os regulamentou em seus artigos 678 a 694.

Reproduzindo a prática romana, em seu artigo 678, define o instituto:

> **Art. 678.** Dá-se a enfiteuse, aforamento, ou emprazamento, quando por ato entre vivos, ou de última vontade, o proprietário atribui a outro o domínio útil do imóvel, pagando a pessoa que o adquire, e assim se constitui enfiteuta, ao senhorio direto uma pensão, ou foro, anual, certo e invariável.

O artigo é claro: por ato entre vivos ou por testamento, o proprietário dá a outra pessoa o domínio útil do imóvel (que poderá usar, gozar, vender, alugar; enfim, todos os atos como se proprietário fosse), mas devendo uma pensão anual de valor certo e invariável ao senhorio direto.

Ainda como reflexo do Direito Romano, o artigo 680 delimita o objeto da enfiteuse:

> **Art. 680.** Só podem ser objeto de enfiteuse terras não cultivadas ou terrenos que se destinem a edificação.

Ou seja, a enfiteuse somente pode ser constituída sobre terrenos e terras nuas. Ao enfiteuta caberia o encargo de deles se aproveitar.

Observe-se que o Código permite que qualquer pessoa, ente público ou particular, pessoa física ou jurídica, proprietário de um terreno sem benfeitorias ou de terras sem cultivo, constitua a enfiteuse.

O artigo 679 determina que o contrato de enfiteuse é perpétuo, considerando a enfiteuse por tempo limitado como arrendamento.

Os artigos seguintes determinam que os bens enfitêuticos são transmitidos na herança (art. 681), não se permitindo sua divisão em glebas sem o consentimento do senhorio. Assim como cabe ao enfiteuta satisfazer os impostos e os ônus reais que gravarem o imóvel (art. 682).

No caso de o enfiteuta querer vender ou dar em pagamento sua enfiteuse, deve avisar o senhorio que tem direito de preferência (art. 683), assim como, se o senhorio desejar vender o domínio direto ou dá-lo em pagamento, o enfiteuta terá o direito de preferência (art. 684).

Aqui vale nos lembrarmos dos filmes da época medieval, em que vemos os "cobradores de impostos", que chegam e praticamente saqueiam os moradores. Em verdade, eles vão receber o cânon pela enfiteuse, cujo valor já era estipulado. Se o enfiteuta não tivesse dinheiro, perdia as terras. E como as terras todas eram dos senhores feudais, estavam tão somente sob enfiteuse – e como era perpétuo – possivelmente as gerações seguintes não tinham conhecimento do por que deveriam pagar esse cânon, já que seus antepassados ali estavam e sempre trataram as terras como suas.

Nessas histórias transmite-se a fraqueza do povo e a desumanidade dos cobradores. Observa-se a resistência e indignação daqueles que estão nas terras por terem de pagar por algo que entendiam ser seu, quando na verdade não era.

E o mesmo acontece, na atualidade, quando se vende um imóvel com enfiteuse. Tem-se de comunicar o senhorio, dar-lhe o direito de preferência e, se ele consentir na venda, terá direito ao laudêmio no valor de 2,5% sobre o preço da alienação.

É o que determina o artigo 686 do Código Civil de 1916:

> **Art. 686.** Sempre que se realizar a transferência do domínio útil, por venda ou doação em pagamento, o senhorio direto, que não usar da opção, terá direito de receber do alienante o laudêmio, que será de dois e meio por cento sobre o preço da alienação, se outro não se tiver fixado no título de aforamento.

Vejamos os artigos seguintes:

> **Art. 687.** O foreiro não tem direito à remissão do foro, por esterilidade ou destruição parcial do prédio enfitêutico, nem pela perda total de seus frutos; pode, em tais casos, porém, abandoná-lo ao senhorio direto, e, independentemente do seu consenso, fazer inscrever o ato da renúncia (art. 691).

Art. 688. É lícito ao enfiteuta doar, dar em dote, ou trocar por coisa não fungível o prédio aforado, avisando o senhorio direto, dentro em sessenta dias, contados do ato da transmissão, sob pena de continuar responsável pelo pagamento do foro.

Art. 689. Fazendo-se penhora, por dívidas do enfiteuta, sobre o prédio emprazado, será citado o senhorio direto, para assistir à praça, e terá preferência, quer no caso de arrematação, sobre os demais lançadores, em condições iguais, quer, em falta deles, no caso de adjudicação.

Art. 690. Quando o prédio emprazado vier a pertencer a várias pessoas, estas, dentro em seis meses, elegerão um cabecel, sob pena de se devolver ao senhorio o direito de escolha.

§ 1º. Feita a escolha, todas as ações do senhorio contra os foreiros serão propostas contra o cabecel, salvo a este o direito regressivo contra os outros pelas respectivas quotas.

§ 2º. Se, porém, o senhorio direto convier na divisão do prazo, cada uma das glebas em que for dividido constituirá prazo distinto.

Art. 691. Se o enfiteuta pretender abandonar gratuitamente ao senhorio o prédio aforado, poderão opor-se os credores prejudicados com o abandono, prestando caução pelas pensões futuras, até que sejam pagos de sua dívidas.

Art. 692. A enfiteuse extingue-se:

I – Pela natural deterioração do prédio aforado, quando chegue a não valer o capital correspondente ao foro e mais um quinto deste.

II – Pelo compromisso, deixando o foreiro de pagar as pensões devidas, por três anos consecutivos, caso em que o senhorio o indenizará das benfeitorias necessárias.

III – Falecendo o enfiteuta, sem herdeiros, salvo o direito dos credores.

Originariamente, o Código Civil de 1916, em seu artigo 693, permitia, em todos os aforamentos, salvo acordo em contrário entre as partes, o resgate 30 anos depois de constituída a enfiteuse, mediante pagamento de vinte pensões anuais pelo foreiro.

Com o advento da Lei nº 2.437, de 7 de março de 1955, passou a ser resgatável após 20 anos e, finalmente, pela redação da Lei nº 5.827, de 23 de novembro de 1972, a possibilidade de resgate ficou assim definida:

> Art. 693. Todos os aforamentos, inclusive os constituídos anteriormente a este Código, salvo acordo entre as partes, são resgatáveis dez anos depois de constituídos, mediante pagamento de um laudêmio, que será de dois e meio por cento sobre o valor atual da propriedade plena, e de dez pensões anuais pelo foreiro, que não poderá no seu contrato renunciar ao direito de resgate, nem contrariar as disposições imperativas deste capítulo.

No artigo 694, o Código Civil sujeita a subenfiteuse (que ocorre quando o enfiteuta celebra contrato de enfiteuse com uma terceira pessoa) ao próprio Código, e a dos terrenos de marinha e seus acrescidos será regulada em lei especial.

3.2.11.2. O artigo 2.038 do Código Civil de 2002

A Constituição Federal de 1988, no artigo 49 do Ato das Disposições Transitórias, dispôs:

> **Art. 49.** A lei disporá sobre o instituto da enfiteuse em imóveis urbanos, sendo facultada aos foreiros, no caso de sua extinção, a remição dos aforamentos mediante aquisição do domínio direto, na conformidade do que dispuserem os respectivos contratos.
>
> § 1º. Quando não existir cláusula contratual, serão adotados os critérios e bases hoje vigentes na legislação especial dos imóveis da União.
>
> § 2º. Os direitos dos atuais ocupantes inscritos ficam assegurados pela aplicação de outra modalidade de contrato.
>
> § 3º. A enfiteuse continuará sendo aplicada aos terrenos de marinha e seus acrescidos, situados na faixa de segurança, a partir da orla marítima.
>
> § 4º. Remido o foro, o antigo titular do domínio direto deverá, no prazo de noventa dias, sob pena de responsabilidade, confiar à guarda do registro de imóveis competente toda a documentação a ele relativa.

Assim, o Código Civil vigente, em seu artigo 2.038, especificou:

> **Art. 2.038.** Fica proibida a constituição de enfiteuses e subenfiteuses, subordinando-se as existentes, até sua extinção, às disposições do Código Civil anterior, Lei nº 3.701, de 1º de janeiro de 1916, e leis posteriores.
>
> § 1º. Nos aforamentos a que se refere este artigo é defeso:
>
> I – cobrar laudêmio ou prestação análoga nas transmissões de bem aforado, sobre o valor das construções ou plantações;
>
> II – constituir subenfiteuse.
>
> § 2º. A enfiteuse dos terrenos de marinha e acrescidos regula-se por lei especial.

Desde o ano de 2003, quando entrou em vigor o novo Código Civil, não se pode mais INSTITUIR enfiteuse civil (entre os particulares), mas as existentes continuam valendo, regradas pelos artigos 678 a 694 do Código Civil de 1916, até sua remissão.

Ou seja, pode o enfiteuta comprar a parte do domínio direto do senhorio, pagando o valor correspondente a 10 pensões anuais e mais um laudêmio de 2,5% sobre o valor atualizado da propriedade plena. Acertados os valores, deve-se passar escritura pública e levá-la a registro.

3.2.11.3. A enfiteuse de bens públicos

Como lemos no § 2º do artigo 2.038 do Código Civil de 2002, a enfiteuse dos terrenos de marinha continua a existir, em obediência ao transcrito § 3º do artigo 49 do ADCT da Constituição de 1988, que impôs o regime de enfiteuse aos terrenos de marinha e seus acrescidos, situados na faixa de segurança.

Também chamada de enfiteuse administrativa ou especial, pode ser constituída sobre imóveis públicos dominiais, comumente bens imóveis da União, como os terrenos de marinha e acrescidos.

Essa enfiteuse é regulada pelos seguintes dispositivos:

- Decreto-Lei nº 9.760, de 5 de setembro de 1946, que dispõe sobre a identificação e a demarcação dos terrenos de marinha; a regularização fundiária de interesse social em terras da União; a discriminação administrativa e judicial das terras da União, a regularização de ocupação de imóveis presumidamente da União; a utilização dos bens imóveis da União, o aforamento;

- Lei nº 5.972, de 11 de dezembro de 1973, que regula o procedimento para o registro da propriedade de bens imóveis discriminados administrativamente ou possuídos pela União;

- Decreto-Lei nº 2.398, de 21 de dezembro de 1987, que disciplina os valores devidos a título de foro e laudêmio, assim como as certidões exigíveis para a negociação de imóveis da União aforados e as informações a serem prestadas pelos Cartórios de Notas, de Registro de Imóveis e de Títulos e Documentos relativas a essas transações por meio do documento denominado DOITU; e

- Lei nº 9.636, de 15 de maio de 1998, que trata da identificação, demarcação, discriminação, regularização, administração, aforamento e alienação de bens imóveis do domínio da União.

A constituição se faz por meio de um contrato de aforamento, que deve ser lavrado em livro próprio da Secretaria do Patrimônio da União (SPU), conforme artigo 14 da Lei nº 9.636/1998, nos termos do artigo 109 do Decreto-Lei nº 9.760/1946, e deve ser levado a registro.

O Decreto-Lei nº 9.760/1946, no seu artigo 2º, identifica terrenos de marinha como os situados no continente, na costa marítima e nas margens dos rios e lagoas, até onde se faça sentir a influência das marés, e os que contornam as ilhas em zona onde se faça sentir a influência das marés, medidos horizontalmente para a terra, em profundidade de 33 metros, a partir da linha da preamar média de 1831. Para a lei, "a influência das marés é caracterizada pela variação periódica de no mínimo 5 centímetros no nível da água em qualquer época do ano" (parágrafo único do art. 2º).

Costa (2012, p. 10) esclarece que: "O termo preamar origina-se do latim 'plena mare', que significa maré cheia ou maré alta.". O critério do Regulamento de 1946, portanto, é a média das marés cheias do ano de 1831.

O artigo 3º desse Decreto-Lei esclarece que os "terrenos acrescidos de marinha" são os acrescentados natural (aluvião ou avulsão) ou artificialmente (por ação do homem), em seguimento aos terrenos de marinha, na direção do mar, dos rios e das lagoas, aos quais se aplicam as mesmas regras a que estão sujeitos os terrenos de marinha. Ainda de acordo com Costa (2012, p. 11):

> Ou seja: (a) terrenos de marinha são medidos horizontalmente para a terra, em uma extensão de 33 metros de profundidade, a partir da preamar média de 1831; (b) terrenos acrescidos de marinha são medidos a partir da mesma linha da preamar média de 1831, porém, em direção ao mar, sem limite de extensão, em continuação aos terrenos de marinha.

Diferentemente da enfiteuse civil, a pública tem legislação própria e continua podendo ser instituída.

O fato é que, mesmo com a extinção da instituição da enfiteuse civil, ainda há, no Brasil, muitos imóveis sob enfiteuse, certamente sob o domínio útil de terceira geração daquele que a instituiu ou já passou por várias mãos.

Uma vez que o instituto é pouco compreendido pelas pessoas, o sentimento de repúdio a ter de pagar laudêmio desequilibra a harmonia do subsistema, e é a lei da hierarquia que deve ser lembrada aqui: honrar o negócio efetuado por quem primeiro adquiriu a enfiteuse do imóvel, agradecer por estar na sua posse e compreender que não é proprietário irrestrito do mesmo, e sim, somente possui o domínio útil.

No caso das enfiteuses civis, a pessoa pode tentar adquirir o domínio pleno e tornar-se proprietário, encerrando esse ciclo vivencial no imóvel.

Já para os imóveis da União e administrados pela Marinha, tem-se de verificar a disponibilidade legal desses imóveis.

3.2.12. As rendas expressamente constituídas sobre imóveis
(art. 674, VI, do Código Civil de 1916)

O artigo 674, inciso VI, do Código Civil de 1916 trazia este instituto como direito real. O Código Civil de 2002, em seus artigos 803 a 813, traz o instituto CONSTITUIÇÃO DE RENDA na parte do Direito das Obrigações, não mais o considerando um direito real.

Conforme ensina Venosa (2013), este instituto surgiu em uma época da história em que pessoas não se encontravam habilitadas a gerir seus negócios e entregavam seus bens a terceiros para unicamente auferir a renda.

Trata-se de um contrato onde uma das partes (rendeiro ou censuário) obriga-se a pagar uma prestação periódica (renda) – que pode ser mensal, bimensal, semestral, anual – em favor da outra parte (credor da renda ou beneficiário), em troca de transmissão de bens, móveis ou imóveis. Assim, transfere-se os bens do beneficiário para a posse do rendeiro, que, pagando-lhe renda fixada por certo tempo ou até seu falecimento, faça render esses bens.

Atualmente a constituição de renda é um contrato raro, e o Código Civil o considerou um direito obrigacional e não mais direito de coisa (real). Mas ainda podem existir esses contratos formalizados na vigência do Código Civil de 1916, quando se levava a registro a escritura pública.

CONSIDERAÇÕES FINAIS

Se você chegou até aqui, esperamos que tenha compreendido a importância de, pelo menos, saber que existem muitos detalhes na constituição de uma propriedade imobiliária além do simples pagar e pegar as chaves.

As autoras não tiveram a intenção de passar conhecimento técnico profundo. Para cada instituto desses, brevemente mencionados, seria possível escrever um livro.

O desejo foi o de demonstrar a existência de um verdadeiro "mundo paralelo" burocrático dentro do Direito de Propriedade e alertar: quando se tratar de imóveis, é necessário ter muita cautela para uma boa aquisição.

Alertar para a necessidade de, em primeiro lugar, quando da negociação com imóveis, se verificar a matrícula atualizada do mesmo e lê-la, e mesmo que não compreenda muita coisa, poder identificar se há algo mais ali existente que possa impedir ou atrapalhar uma boa negociação.

Vale observar ainda a necessidade de se verificar se a pessoa que está vendendo possui dívidas, o que pode invalidar o negócio em futuro próximo.

Tentou-se, em determinados momentos, levar o leitor para o mundo sistêmico, advertindo-o para o fato de que as energias existem e se movimentam; e que somos influenciadores e influenciados por elas. As regras da hierarquia, do dar e receber e do pertencimento, apontadas por Hellinger, somente se equilibram, harmonizando o sistema, se a regra do respeito, por nós observada, estiver presente.

As "três regras do amor" interagem entre si:
- a da *hierarquia*: devo respeitar o que já existe, compreendê-lo, agradecer por sua existência e aceitá-lo;
- a do *dar e receber*: o equilíbrio do ser bom para mim e bom para você, saindo os dois lados tranquilos de que fizeram o justo;
- a do *pertencimento*: devo me fazer pertencer ao local, mas também devo ser recebido nesse local.

Todavia a regra do respeito é interna. Posso cumprir e externalizar as três primeiras, mas se, internamente, não assimilar os fatos, incorporá-los e aceitá-los, bem como compreender a posição e a situação da outra parte, não se manifestará o respeito, fazendo com que não ocorra o equilíbrio das demais regras, muito embora elas tenham sido externalizadas.

REFERÊNCIAS

ANOREG/PR, Associação dos Notários e Registradores do Estado do Paraná. *Divisão de circunscrição*. In: BOREKI, Vinicius. O longo caminho para a certidão. *Gazeta do Povo*, 2009. Infográfico por Leandro. Disponível em: https://www.gazetadopovo.com.br/vida-e-cidadania/o-longo-caminho-para-a-certidao-bi1g5ijn42vdrl24ymfjdsbpq/. Acesso em: 27 ago. 2021.

BRASIL. Lei nº 3.071, de 1º de janeiro de 1916. Código Civil dos Estados Unidos do Brasil. Rio de Janeiro: Presidência da República, [1916]. Disponível em: http://www.planalto.gov.br/ccivil_03/leis/l3071.htm. Acesso em: 25 ago. 2021.

BRASIL. Lei nº 9.636, de 15 de maio de 1998. Dispõe sobre a regularização, administração, aforamento e alienação de bens imóveis de domínio da União, altera dispositivos dos Decretos-Leis nºs 9.760, de 5 de setembro de 1946, e 2.398, de 21 de dezembro de 1987, regulamenta o § 2º do art. 49 do Ato das Disposições Constitucionais Transitórias, e dá outras providências. Brasília, DF: Presidência da República, [1998]. Disponível em: http://www.planalto.gov.br/ccivil_03/leis/l9636.htm. Acesso em: 25 ago. 2021.

BRASIL. Lei nº 10.406, de 10 de janeiro de 2002. Código Civil. Jair Lot Vieira (sup. ed.). 4. ed. São Paulo: Edipro, 2020.

CINTRA, Jorge Pimentel. Reconstruindo o Mapa das Capitanias Hereditárias. *Anais do Museu Paulista*. São Paulo, v. 21, n. 2, p. 11-45, jul.-dez. 2013. Disponível em: https://www.scielo.br/j/anaismp/a/BmZzYkT6KTRDPBsmTkCzvJr/?lang=pt. Acesso em: 27 ago. 2021.

COSTA, Dilvanir José da. O conceito de direito real. *Revista de Informação Legislativa*, Brasília, ano 36, n. 144, fls. 71 a 79, out./dez. 1999. Disponível em: https://www2.senado.leg.br/bdsf/bitstream/handle/id/531/r144-04.PDF?sequence=4. Acesso em: 24 ago. 2021.

COSTA, Valestan Milhomem da. *Enfiteuse – Aforamento ou Emprazamento*. São Paulo: IRIB, 2012. (Coleção Cadernos IRIB, v. 4).

ERPEN, Décio Antônio; PAIVA, João Pedro Lamana. *Panorama histórico do registro de imóveis no Brasil*. Disponível em: http://registrodeimoveis1zona.com.br/?p=270. Acesso em: 25 ago. 2021.

HELLINGER, Bert. *Ordens do Amor*: um guia para o trabalho com constelações familiares. Tradução: Newton de Araújo Queiroz. São Paulo: Cultrix, 2001.

IBGE, Diretoria de Geociências, Coordenação de Cartografia. *Mapa Político do Brasil*. Disponível em: https://portaldemapas.ibge.gov.br/portal.php#mapa6. Acesso em: 27 ago. 2021.

LUHMANN, Niklas. *Sistemas Sociais:* esboço de uma teoria geral. Tradução: Antônio C. Luz Costa, Roberto Dutra Torres Junior e Marco Antônio dos Santos Casanova. Rio de Janeiro: Vozes, 2016.

MIRANDA, Pontes de. *Tratado de Direito Privado*: Tomo XVIII – Direito das Coisas: Direitos reais limitados. Enfiteuse. Servidões. Rio de Janeiro: Borsoi, 1957a.

MIRANDA, Pontes de. *Tratado de Direito Privado*: Tomo XIX – Direito das Coisas: Usufruto. Uso. Habitação. Renda sobre imóvel. Rio de Janeiro: Borsoi, 1957b.

QUINTELLA, Sérgio. Prédios improvisados se proliferam em favelas e viram bons negócios. *Veja SP*, 5 abr. 2019. Foto Alexandre Battibugli. Disponível em: https://vejasp.abril.com.br/cidades/favelas-predios-puxadinhos-verticais/. Acesso em: 30 ago. 2021.

SANTOS, J. M. de Carvalho. *Código Civil Brasileiro Interpretado*: Direito das Coisas – Volume IX. 6. ed. Rio de Janeiro: Livraria Freitas Bastos, 1953.

SAWABONA LIFE (Brasil). *O que são campos morfogenéticos?*. Camaragibe, PE, 27 jan. 2021. Instagram: sawabona_life. Disponível em: https://www.instagram.com/p/CKkA9sTMBsN/?utm_medium=copy_link. Acesso em: 26 ago. 2021.

VENOSA, Sílvio de Salvo. *Direito Civil*. Direitos Reais. 13. ed. São Paulo: Atlas: 2013. v. 5.

SOBRE AS AUTORAS
E O APRESENTADOR DESTA OBRA

Carmen Regina Sisnando Faustino

- Graduada em Pedagogia – Administração Escolar e Licenciatura Plena.
- Especialista em Gestão Empresarial, Terapia Familiar e Neuropsicologia.
- Psicanalista, *Cool Hunter*.
- Coaching Internacional, Certificada pelo Instituto Internacional *Coach Federation e Continuing Coach Education* (EUA).
- Consteladora Sistêmica Internacional pela Universidade Emílio Cárdenas e *Talent Manager*, México.
- Formada em Constelação Familiar pelo ISPAB, Alemanha.
- Formada em Cura Emocional pelo École de Lumière, França.
- Consteladora Familiar com Bert Hellinger, o criador da Constelação Familiar.
- Habilitada em Neurociências, Eneagramas, Hipnose Clínica, Análise Transacional, dentre outras, com foco no desenvolvimento do ser.
- Professora de pós-graduação da Escola Judicial do TJ/PA, da Faculdade DEVRY, da Faculdade Esmac da FABEL, certificada com FOFO – Formação de formadores pela Escola Nacional de Magistratura ENFAM.
- Autora do curso de *Pós-Graduação em Justiça Sistêmica*, certificado pelo MEC.
- Idealizadora do Projeto das Constelações no Tribunal de Justiça do Estado do Pará, com duas indicações ao Prêmio INOVARE.
- Idealizadora do Projeto de Gestão Sistêmica na área de Desenvolvimento de Pessoas, no TCM-PA.
- Atuação na área Empresarial com as *Constelações Organizacionais – Identificando o Nó Oculto que trava o sucesso das empresas*.
- Com vasto conhecimento e atuação na área de sucessão, comunicação e relacionamento gerencial.

Nasci em Juazeiro do Norte, no Ceará, em 1969.

Desde 2005 atuando como Oficiala de Justiça no Tribunal de Justiça do Pará, muitos foram os quilômetros rodados, muitos desafios e muitas emoções, levando notícias nem sempre agradáveis ou desejadas. E foi de porta em porta, no contato direto com as pessoas, que encontrei meu propósito de vida. A vivência no Poder Judiciário proporcionou-me uma grande lição: olhar com profundidade para a saúde emocional e financeira das pessoas que buscam no judiciário a solução para seus conflitos, oriundos da fragilidade das relações, por meio de um processo. Sabe-se que todo processo terá um fim, uma sentença onde um "ganha" e outro "perde" e, nesse contexto, voltei-me para outras formas de reestabelecer a ordem, o respeito, o sentimento de justiça. Meu trabalho é despertar o melhor das pessoas, o essencial para a percepção do conflito olhando além do processo, compreendendo as emoções e os sentimentos que travam o diálogo e acirram as disputas. É no despertar, no novo olhar para as relações que se promove a construção de acordos liberando os envolvidos para seguirem suas vidas em paz e respeitando um ao outro. Vislumbrando que o conflito é inerente ao ser humano, expandi esta prática para as empresas, para os relacionamentos intrapessoais e interpessoais. Esses são temas diários de formação e relações societárias, movimento de saída e entrada de profissionais importantes para a organização, transição de carreira, definições nas estratégias de negócios, contratação de líderes, processos de sucessão, autoconhecimento... O olhar macro e refinado amplia a consciência e a capacidade de agir em busca de soluções inovadoras, transmutando o ambiente empresarial e a relação com o outro positivamente. Pensando na metamorfose do sentimento de justiça, apresentei e implementei o projeto das Constelações Sistêmicas no Tribunal de Justiça do Estado do Pará, conduzindo-o e acompanhando-o pessoalmente. O projeto foi avaliado em uma amostra de 505 casos, em quatro meses, com alto índice de resolutividade para fins de comprovação científica. Resultado exitoso, premiado pelo CNJ e com duas indicações ao Prêmio INOVARE. A mutação seguiu com o Projeto de Gestão Sistêmica, na área de Desenvolvimento de Pessoas, no TCM-PA e, na Educação, com o curso de Extensão Universitária em Percepção Sistêmica e com a Pós-Graduação em Justiça Sistêmica, ambas aprovadas pelo MEC e escritas por mim. Sigo como Professora de Pós-Graduação, Instrutora de Cursos Livres, Habilitada no FOFO – Formação de Formadores – pela ENFAM (Escola Nacional de Formação e Aperfeiçoamento de Magistrados), Professora da Escola Judicial do TJPA, com Treinamentos e como Palestrante na temática. Em 2019, a Faculdade FABEL, em Belém do Pará, abriu o curso em nível de Pós-Graduação "Justiça Sistêmica" por mim desenhado e aprovado pelo MEC. Levo em minha bagagem mais de três mil horas de atendimentos. Somo à minha trajetória diversas formações, no Brasil e no exterior, que fundamentam o processo de desenvolvimento de pessoas focado na melhoria perene, dentre elas: Constelação Familiar, Constelação Organizacional, Gestão de Empresas, Gestão de Conflitos, *Master Coaching*, *Mentoring*, Psicologia Positiva, Terapia Familiar, Neuropsicologia, Psicanálise, Neurociências, Análise Transacional, Hipnose e outras ferramentas do segmento. Deixo aqui um pouco da minha história!

Valéria Maria Sant'Anna

* Bacharel em Direito pela Faculdade de Direito da Instituição Toledo de Ensino (ITE) de Bauru-SP (1984).
* Especialista em Direito Civil pela Instituição Toledo de Ensino (ITE) de Bauru-SP (1989).
* MBA em Gestão Empresarial pela Fundação Getúlio Vargas (2006).
* Contabilista SENAC Bauru (2012).
* Pós-graduada em Direito Processual Civil pela Escola Superior de Advocacia (ESA) OAB Bauru-SP (2018).
* Consteladora Familiar (2018).
* Pós-graduanda em Justiça Sistêmica pela FABEL (Belém-PA).
* Advoga desde 1985.

Nascida em 1961, em Piratininga-SP, desde tenra idade demonstrou aptidão para a escrita. De 1975 a 1983, manteve uma coluna semanal no jornal local da cidade de Bauru sobre Numismática e Filatelia.

Escreveu diversos artigos, inclusive na área jurídica, para jornais internos de empresas e organizações locais, assim como, na década de 1990, já pesquisadora na área jurídica, passou a escrever livros, somando, até o momento, doze títulos jurídicos publicados, todos pela editora Edipro:

* *Petição Inicial* (1993, 1995)
* *Contestação e resposta do réu* (1993 e 1995)
* *Direito Internacional: Resumo para concurso* (1993, 1995, 2001)
* *Direito Processual Civil: Resumo para concurso* (1993, 1995, 2000)
* *Direito Constitucional: Resumo para concurso* (1997, 1999, 2000, 2001)
* *Manual prático dos contratos* (2000, 2004, 2005, 2007)
* *Factoring: Fomento Mercantil* (2008)
* *Comentários à nova lei do inquilinato* (2010)
* *Divórcio após a Emenda Constitucional 66/2010* (2010)
* *Guia prático do empregado doméstico* (2015)

Também colabora como revisora técnica e na elaboração de notas remissivas para a coleção de Códigos jurídicos editados pela Edipro.

Em 2018, foi a autora responsável pela compilação histórica sob o título *A Comunidade e os 50 anos da Paróquia de Santa Rita de Cássia*, editado por Literando & Afins.

Roberto Rodrigues Brito Júnior

* Graduado em *Direito* pela Universidade Estácio de Sá (2001).
* Capacitado em *Percepção Sistêmica no Judiciário* pela Escola da Magistratura do Estado do Pará (Ministrado pela Profa. Especialista Carmen Sisnando).
* Formado em *Constelação Jurídica: Direito Descomplicado* pelo Instituto Legis (Ministrado pela Profa. Especialista Carmen Sisnando).
* Aprovado nos concursos públicos para estágio na Defensoria Pública Geral do Estado do RJ (DPGE/RJ), na Procuradoria Geral do Estado (PGE/RJ); e na Escola de Magistratura Regional Federal (EMARF).
* Aprovado nos concursos públicos para os cargos de Juiz Leigo no Estado do Rio de Janeiro; Procurador do Município de Búzios-RJ; e Juiz de Direito do Estado do Pará.
* Foi empossado na Magistratura do Estado do Pará em 2014, sendo atualmente Juiz de Direito da 1ª Vara Cível e Empresarial da Comarca de Santarém.

Nascido em 1976, no Rio de Janeiro, experimentou desde muito cedo a conexão com a arte como elemento de expressão da sensibilidade e transformação. Por meio do balé, trilhou uma longa caminhada permeada de apresentações e campeonatos, e recebeu diversos prêmios. Desta rica experiência, trouxe para a vida profissional no Direito a disciplina, a conexão com a arte e a percepção dos sentidos. Foi a partir deste cenário que se desenhou o interesse e o encontro com o universo da Constelação Sistêmica, que passou a integrar seu trabalho na Magistratura, no intuito de colaborar no processo de sensibilização do judiciário e manifestar a justiça a partir de um olhar humanizado.

É um dos autores do livro *Constelação Jurídica: o direito sob um novo olhar*, que apresenta a perspectiva jurídica das constelações familiares. O livro é resultado da conclusão do curso Constelações Jurídicas, ministrados pela Profa. Carmen Sisnando, que também coordenou o projeto.

Recebeu ainda a Medalha Nacional de Acesso à Justiça concedida pelo Ministério da Justiça, por intermédio da Secretaria de Reforma do Judiciário, pelas relevantes contribuições à promoção, ampliação e democratização do acesso à justiça do Brasil, recebida pela atuação nos Juizados Especiais do Estado do Pará.

Este livro foi impresso pela BMF Gráfica e Editora
em fonte Minion Pro sobre papel Pólen Bold 90 g/m²
para a Edipro na primavera de 2021.